Je dédie ce livre à toutes les personnes

qui sont victimes de la manipulation et de la perversité.

Sachez-le, vous êtes quelqu'un de bien,

ce sont eux les malades…

. PREFACE.

Je sors de chez mon médecin, je suis une victime, est-ce bien vrai ?

Une victime !!!

Des frissons me parcourent le corps. J'ai du mal à avaler ma salive.

De toute ma petite vie, je me suis sentie incomprise, mal dans mon corps et dans ma tête, cassée de l'intérieur.

J'ai 35 ans et je vais pouvoir commencer à me construire, pas me soigner, ne pas comprendre réellement, mais essayer d'avancer avec ce nouveau statut.

C'est dur à encaisser mais la porte de la peur commence à se fermer… Elle restera très fragile, se fissurera parfois et explosera à des moments mais se refermera de mieux en mieux à chaque fois… l'histoire n'est pas terminée et tant que celle-ci n'aura pas de point final, il faudra continuer à se battre.

. 1.

Je vais vous raconter l'histoire d'une petite fille qui a combattu le démon et qui le combattra encore dans ses cauchemars et encore bien dans sa vie de femme.

Qui est ce démon ?

Vous le découvrirez ! Il peut prendre plusieurs formes, il peut réagir différemment, il peut vous aduler, il peut vous écraser, vous détruire ou vous faire espérer…

La vie nous fait croiser ce genre de personnage de nombreuses fois, méfiez-vous de ce regard enjôleur et de ces mots bien placés, il commence à poser ses pions sur l'échiquier. C'est un fin stratège et il vous séduira forcément.

Pour moi, ce démon n'est pas mon compagnon, n'est pas un ami, n'est pas un voisin. Je suis l'une de ses filles, l'ainée, la première de ses enfants, une de ses victimes…. Il a engendré dans son entourage beaucoup de souffrance, beaucoup de questionnement, beaucoup d'incompréhension.

Je ne parlerais pas de violence physique mais de violence bien pire, celle que l'on ne voit pas, celle que l'on ne peut pas montrer, qui ne se quantifie pas. Celle qui fait que l'on se pose des POURQUOI très longtemps !

J'ai vécu avec un père, une mère et deux sœurs, une famille normale en somme, dans une maison idéale, dans un quartier paisible et des voisins sympathiques. Un beau tableau, un cadre parfait pour élever des enfants et leur donner le meilleur pour débuter dans la vie.

Que cache ce portrait de bonne famille, cette famille idéale : un démon !!!

Pour vous retracer mon parcours de vie, je vais vous raconter ma reconstruction par la thérapie comportementale et cognitive (TCC). Oui, c'est la méthode que l'on utilise pour les victimes des attentats, des graves accidents de la vie, des stress post-traumatiques.

Cette thérapie est la mienne !

C'est quoi la TCC ?

C'est une thérapie brève, qui vise à remplacer les idées négatives et les comportements inadaptés par des pensées et des réactions en adéquation avec la réalité.

La TCC aide à dépasser progressivement les symptômes invalidants, tels que : les rites et vérifications, le stress, les évitements, les inhibitions, les réactions agressives, ou la détresse à l'origine de souffrance psychique.

La TCC est indiquée pour toute personne en souffrance, enfant, adolescent, adulte, et personne âgée, désireuse de retrouver un mode de vie plus en adéquation avec les exigences de la réalité.

. 2.

Dans la vie, il y a toujours des déclencheurs, des événements plus forts que d'autres, des cataclysmes qui vous rendent encore plus angoissés et mal dans la vie.

Nous sommes le 15 Novembre 2009, il est 17h00, ma sœur cadette m'appelle, ma grand-mère va mourir, elle a 96 ans. Une opération de la hanche aura raison de sa belle forme.

Je prends la route pour aller à l'hôpital rejoindre mes sœurs. Je fais la route en conduite automatique, je ne vois pas les lignes continues, les voitures qui me doublent. Je vais me retrouver dans une pièce ou je vais être témoin de la fin d'une vie.

Je monte les étages et je marche le long de ce couloir blanc. Je franchis le dernier couloir et devant la porte, mon démon m'attend, il m'enlace, il passe ses bras autour de mon cou.

Connaissez-vous le sentiment de révolte intérieure, les poils qui se hérissent sur les bras et le froid qui coule dans votre dos. Ses bras autour de moi me figent, me tétanisent, j'ai envie de m'enfuir, il m'étouffe…

Quel sentiment de frayeur ce démon peut-il me faire ressentir ?

Je le repousse, je veux voir ma grand-mère.

Ma mamie, une femme simple avec de vraies qualités, une femme de lettres mais avec un seul défaut, celui d'avoir engendré et vénéré un démon… qu'elle aimait…

Je l'observe dans son lit, petit bout de bonne femme sous ses draps blancs, elle respire difficilement, elle est branchée de partout.

J'observe les machines, des infirmières passent, nous avertissent que le temps est compté. Mes sœurs sont présentes, mon démon et sa compagne sont dans la chambre. Nous attendons ma tante et mes cousins qui doivent faire la route de Pau.

Le temps passe, ma mamie tient le coup. On discute dans cette pièce rythmée par les appareils, par moment on rigole de situation que ma mamie aurait adorée et aurait partagée par son petit rire.

Si elle nous entend, elle doit rire aussi. Mon démon se lamente, il se tient la tête, il pleure sans larmes. Il est lui, en somme…

On entend frapper à la porte, ma tante arrive. Tout le monde se retrouve à son chevet, elle rendra son dernier souffle, entourée de son démon de fils, de sa fille et de ses petits-enfants.

Les sentiments face à la tragédie sont tous différents. On nous fait descendre au rez-de-chaussée pour que le service funèbre la prépare. Nous nous retrouvons en cercle assis sur nos chaises. Certains pleurent, certains échangent, certains observent. Mon démon est égal à lui-même, il semble dévasté… Nous venons de prendre en pleine figure la mort en face, mais le démon paraît plus affaibli que nous tous. Et si seulement, il agissait par sentiment…

Elle part entourée de ses proches mais ce dernier moment sera l'éclatement d'une famille. Elle était le seul lien qui permettait le dialogue, elle était l'origine des réunions familiales, moments fragiles baignés par des sentiments contradictoires.

Nous remontons à l'étage. Elle semble apaisée, plus de machine, elle est juste endormie pour toujours. Nous lui caressons la main, on lui dit au revoir. On doit se dire que plus jamais, on ne jouera au Rami, plus jamais on ne l'entendra raconter ses expériences de la vie et plus jamais de café « bouillu ».

Quel sentiment d'abandon !

Elle nous laisse pourtant un héritage, un démon sans attache…
Je rentre chez moi vers 3h du matin, les quarante-cinq minutes de route me semblent interminables.

J'ai froid, j'ai peur, que vont présager les jours à venir ?

Je prends quelques jours à mon travail. Il faut préparer son enterrement, je veux y participer, lui préparer son dernier adieu.

Avec ma petite sœur, nous accompagnons mon démon et sa sœur pour préparer la cérémonie. Heureusement que nous sommes lucides, nous allons pouvoir lui faire un bel hommage. Je lui prépare un texte avec les petits mots de chacun, j'aime faire ça depuis que je suis toute petite. On choisit les textes et les alléluias pour la messe.

J'écoute mon démon parler de sa mère, je suis perdue par ses paroles, son comportement, il est vraiment sur un autre monde, je ne le comprends vraiment pas, il me semble déconnecté.

Il ne parle que de lui au travers de sa maman ! Pas une larme, pas un sentiment ne transpire…

Après les préparations, il nous amène voir un collègue à lui. Il éclate en sanglots, crie aux grands Dieux…
Quel drôle de personnage quand même !

Je le regarde. En deux circonstances, deux comportements ! Je reste interdite et gênée.

Le soir même, on se retrouve chez ma sœur cadette, il arrive le sourire aux lèvres.

Il nous dit à mes sœurs et moi : « Vous aurez une belle surprise en fin d'année, Mamie avait un bas de laine, je vais vous aider ».

Etait-ce le moment ?

Je ne veux pas l'écouter, on va enterrer Mamie demain. Je m'en contrefiche, je suis triste, je suis démunie. Je lui dis que je ne veux pas en entendre parler, il paraît offusqué.

Dernier adieu avant la mise en bière, nous lui caressons la main et la joue une dernière fois, nous lui chuchotons un dernier mot. Mon démon s'approche, pince la bouche et effleure à peine la main de sa maman.

As-tu peur de la mort ?

Un démon peureux peut-être, un démon démuni, un démon non doté de sentiment humain ?

Nous arrivons à l'église, famille proche, amis sont présents.

Nous nous installons et la cérémonie se déroule, ma sœur et moi arrivons à l'autel pour exprimer le petit texte où chacun a évoqué ses souvenirs :

« - Mamie, pour nous tu es discrétion, humilité, douceur, gentillesse…
- Nous nous souviendrons de ton doux visage, ton sourire…
- Tu étais toujours à l'écoute et le bonheur des autres passait avant tout…
- Tu nous as tant donné sans rien attendre en retour…
- Tu nous as transmis l'esprit de famille...
- Tu étais toujours prête à bousculer tes habitudes pour nous accueillir…

- Nos souvenirs d'enfance sont marqués par les repas où nous mangions un peu serrés dans la chambre ou au chaud dans la cuisine…
- Nous n'oublions pas tes bons petits desserts…
- Tu restes un exemple pour nous tous…
- Aujourd'hui, tu n'es plus là, nous sommes tristes mais il faut se réjouir car tu es là-haut pour nous guider…
- Merci Mamie pour tout ce bonheur ! »

On lève la tête, ma sœur et moi nous donnons la main pour tenir. Certains pleurent à chaudes larmes et l'émotion que je gardais jusque-là sort. Mon démon nous regarde, il a un regard de fierté mal placée. Il a un rictus malsain, il a vraiment une façon d'observer la scène comme un flic qui cherche des preuves de faiblesse.

Petite mamie nous t'accompagnons, nous t'entourons, une dernière caresse à ton cercueil et un mot de chacun pour te dire adieu.

Ton fils nous copie, répète nos paroles, effleure à peine ta dernière demeure. Nous te quittons, nous allons droit à notre incompréhension sans toi, nous allons vivre une des pires parties de notre vie.

Nous nous sommes retrouvés pour partager ta boîte à secret, j'ai gardé de toi un chapelet, je ne pratique pas mais je m'attache à une chaine et une croix. Protège-nous de là-haut. Tu nous aimais même si ce démon prenait beaucoup de place dans ta tête et dans ta vie.

De ce soir même, tout a éclaté car le sujet de l'héritage est revenu, nous venions de t'enterrer, nous ne voulions pas mes sœurs et moi entendre parler d'argent maintenant.

Le démon est vénal, le démon est avare, le démon aime qu'on ait besoin de lui. La porte s'est fermée sans vraie explication. Mes sœurs ont crié des vérités dans la semaine qui a suivi, qu'il n'a pas entendu et absolument pas compris.

Pour ma part, j'ai gardé mes doutes et mes incompréhensions, je n'ai pas plus eu l'occasion de le croiser.

Je vis avec mes mauvaises énergies, jusqu'au rendez-vous pris chez mon médecin…

Le passé a été compliqué par ta présence, le présent est insurmontable pour le moment et le futur va être à construire.

Il va falloir comprendre pourquoi…

Je sors de chez mon médecin avec le numéro des thérapeutes pour trouver le moyen d'avancer, sans les angoisses, vivre ma vie presque normalement.

. 3.

Allez, courage !

Je dois prendre mon premier rendez-vous chez la thérapeute comportementaliste qu'il m'a conseillé.

Je devrais pourtant être fière, je suis la maman de deux beaux garçons et la femme d'un homme qui me connait et qui me comprend depuis 12 ans.

Mon mari m'a épaulé durant ce temps sans me juger, sans me questionner, sans me demander de me justifier sur mon mal-être. Il a su être présent sans jamais me blesser, il a connu lui aussi mon démon…

Je lui dirai après plusieurs années de TCC, des mots qu'il a attendu patiemment, des petits mots doux qui sonnent aux oreilles de chaque amoureux, mais qui pour moi était un lâcher-prise inconsidérable.

Les secondes s'égrènent au téléphone, j'attends que la secrétaire réponde, j'ai les mains moites. J'ai l'impression de risquer ma vie…

Quelque part, je vais sûrement devoir me dévoiler, soulever des parties de mon cœur et de mon âme qui ne veulent pas être révélées au grand jour. Oui je risque peut-être de me perdre… ou me retrouver mais modifiée. Je pose enfin un rendez-vous.

Je note cette date en rouge sur mon agenda, le 22 Juillet 2010, la première d'une longue série. Elle est là, inscrite sur ce morceau de papier. Je l'observe, je l'analyse, j'y réfléchis. Je vais, par de nombreux moments, feuilleter cette page, regarder si la date est toujours inscrite.

Ce n'est pas pour tout de suite, il faut que je patiente ce qui n'est pas une de mes qualités.

Je veux VIVRE !!!

Allez, je vais lui écrire, mon démon a besoin de savoir ce qui me fait mal, ce qui me ronge, je veux qu'il comprenne.

DEBUT DE LETTRE A ENVOYER CAR J'AIMERAIS QUE MON DEMON COMPRENNE, MAIS ELLE RESTERA SANS TIMBRE.

Petite définition pour moi d'être parent. Depuis plus de 7 ans je suis dans cette catégorie, je l'assume et je fais de mon mieux, l'expérience de mes 35 ans me donne des axes à prendre et d'autres à éviter.

NE PAS REPRODUIRE UN SCHEMA VECU

Pour moi être parent, c'est savoir être à l'écoute de son enfant, savoir se remettre en cause, aimer simplement sans artifices, lui donner les bases pour un bon début dans la vie, lui montrer l'exemple, lui expliquer que la vie a des hauts et des bas. Pour les mauvais moments, lui montrer que l'on est là. L'aider dans sa vie d'enfant, d'ados, d'adulte …

Que demande-t-on à un enfant ? Qu'il respecte autrui, qu'il soit poli, qu'il fasse au mieux.

DOUBLE RESPECT d'un parent vers son enfant, d'un enfant vers son parent.

==========

Rentrons dans le vif du sujet :

Toi, l'image du père

Que dire, Que penser, …

Mes souvenirs d'enfant :

    Ton manque de patience, tes absences, tes scènes de ménage, tes hurlements, ta rage, tes réflexions déplacées, ton égoïsme… Tu me diras que je blasphème mais non, j'ai une mémoire, un cœur et j'ai un défaut, ma mémoire n'a pas de touche « efface ». Ce mal-être, je le tiens depuis très très longtemps et il me suit. …………………

Je m'arrête, je ne sais plus …………

. 5.

Deux mois que tu es partie Mamie, plus de nouvelles de personne.

En ouvrant ma boite mail, j'aperçois un message qui attire mon attention, c'est mon démon. Un filet de sueur me passe le long de la colonne vertébrale.

Que me veut-il ?

Il nous est adressé à mes sœurs et moi. Je l'ouvre avec inquiétude.

Force est de voir que ce message est dans la lignée du personnage. Il arrive à vous toucher, à vous faire culpabiliser, à vous déstabiliser. On se sent coupable, méchante et mauvaise fille…

Je ne réponds pas, il n'y a pas de question, juste un texte et une pièce jointe. Eh oui, une pièce jointe, une lettre adressée, pas à nous mais au chirurgien qui a opéré Mamie. Une lettre pompeuse pour exprimer sa gratitude, des mots cherchés, des sentiments exagérés.

J'ai besoin de soulager mon esprit, l'attente de mon rendez-vous est longue, j'ai un appétit d'écrire, on dit que c'est un exutoire. Je m'essaye au poème. Mon démon est une source.

Je l'ai intitulé :

Jour de peine

Pourquoi ce jour as-tu pleuré ?
Quelqu'un aujourd'hui t'a peiné ?
Ton présent est comblé,
Ton avenir est plutôt bien tracé.

Pourquoi ce jour as-tu tant pleuré ?
De quel poids ton cœur est enflé ?
Des kilos et des grammes de passés,
Des dizaines d'années angoissées.

Entrons dans le vif du sujet.
J'ai mal d'un père imparfait,
D'une enfance malmenée,
D'histoires familiales insensées.

Pourquoi faut-il que ça me fasse encore mal !
Allez, enterre ces histoires pas géniales.
Mais, quand je vois mes enfants,
Peut-on faire du mal à des êtres innocents ?
J'ai oublié mon enfance, J'ai oublié l'insouciance, J'ai oublié ma confiance.
J'ai connu la méfiance, J'ai connu la défiance, J'ai approché la souffrance.

A chaque étape de mon enfance,
Des bribes de réminiscences,
Je veux oublier, je veux arrêter de me torturer,
De parler, il faudrait tout lâcher.

Le père donne l'image d'un protecteur,
Cette image jamais eue dans mon cœur.
Jamais, non jamais, je ne l'ai ressentie,
Cette protection, plutôt des frissons, j'ai senti.

De ta part, pas de compréhension,
De ta part, pas de remise en question,
De ta part, pas de complicité,
De ta part, orgueil et vanité.

Quel mot un père peut dire à sa fille ?
Qui font que les yeux pétillent,
Un « je t'aime ma fille ! »,
Mais de ta part, ça nous fusille.

Etre parent, c'est compliqué je sais,
Mais l'amour sincère aide à avancer,
Les conflits sont sources de discussions,
Les mots doux sont sources d'attention.

J'attendais juste ça de mon enfance,
Aujourd'hui, j'en ai encore plus conscience.
J'attendais l'insouciance de ma jeunesse,
Ces histoires font trop vite grandir et vous agressent.

Aimer ses enfants sincèrement,
Eternellement et différemment,
Les comprendre dans leur différence,
Et leur donner un départ avec toutes les chances.

Grandir bien dans sa tête d'enfant,
Fait avancer un adulte normalement,

Grandir mal dans sa tête d'enfant,
Fait ressasser un adulte éternellement.

Aujourd'hui j'ai peur de reproduire,
Ta façon d'être, de te conduire,
Tous les jours je réfléchis, me questionne,
Sur la vie de mes enfants que j'affectionne.

Un regard sur mon mari,
Sais-tu comment je l'ai choisi ?
De un, quelqu'un qui m'a séduit,
Par son calme et son esprit,
Il a compris l'enfant blessée,
L'adolescente déstabilisée.
Il ne m'a pas jugée sur ces années passées.

De deux, il ne fallait pas qu'il te ressemble,
D'angoisse, d'endurance, il a passé les tests, avec succès, il me semble.
Mais d'un œil, j'appréhende toujours les similitudes,
Je lui fais confiance aujourd'hui et je connais ses habitudes.

Ça fait plusieurs mois de silence,
Sauf ton mail, ah oui je pense !
Tu n'as parlé que de toi, de ta vie,
Même pas de nous, as-tu demandé notre état d'esprit ?

Nous ne te donnerons pas de réponses, à cause ?
Pas de questions tu nous poses.
On veut te démontrer que le silence et le manque d'écoute,
Ont été trop longtemps notre vie et tu vois ce que ça coûte !

Moi avant de me préparer pour mon passage vers la mort,
J'espère avoir le temps, de faire un tour de ma vie d'abord,
De n'avoir aucun regret, d'avoir vidé mon cœur positif,
Et d'avoir purgé vers certaines personnes, mon cœur négatif !

.6.

Enfin le Jour J, 22 Juillet 2010, date de mon premier rendez-vous.

Mon ventre n'est pas mon ami, je sens un nœud. Je monte dans ma voiture, me voilà attachée, un regard dans le rétroviseur, un sourire de surface que je maitrise. Il est facile de cacher son mal-être sous un sourire, un exercice qui demande quelques années de pratique…

Quinze minutes de route me séparent du cabinet médical.

Je me gare, respire un grand coup, j'ouvre ma porte, un souffle chaud me vient de l'extérieur, nous sommes en été mais un frisson glacé me glisse le long du dos.

A quoi va ressembler la personne qui va me suivre. Je passe la porte, entre dans la salle d'attente. Je m'assois sur une chaise qui sera la même pendant plusieurs années. Je suis alertée par les bruits, par les patients qui attendent les autres médecins, je sonde leurs regards, je souris, je patiente…

La porte s'ouvre, une jeune femme, blonde, me dit :
« C'est à vous Valérie ! ».

Elle a un regard qui m'encourage, elle ne semble pas me juger.

Je m'installe sur une chaise noire, noire comme mon esprit, bien au bord dans un premier temps. C'est plus facile pour s'enfuir !!

Elle ouvre une pochette orange ou elle inscrit mon nom, prénom, ma date de naissance, mon adresse. Dans le petit coin à gauche elle note T.C.C.

Elle se présente, Laëtitia, elle me donne les grandes lignes de son métier, m'explique ce qu'est une T.C.C. Nous allons faire un bilan, et elle dira si c'est exactement ce genre de thérapie qu'il me faut.

J'aime son discours, il me donne de l'espoir. La T.C.C, ce sont des clés pour avancer. J'aime l'image, j'aime la perspective. Elle a un sourire encourageant et me dit :
« Je vous écoute, j'ai besoin de connaitre votre vie ».

Valérie à toi, c'est à ton tour, regarde là et apprend à faire confiance. Elle doit savoir, pour que bientôt tu vives une vie plus sereine. Tu sais que ton parcours va être long mais apprend à dénicher les clés pour un jour lâcher-prise…

Elle prend une feuille blanche, son stylo-bille et commence à noter la date. Première question, je dois expliquer quelle est la situation du problème, ce qui ne va pas.

Je commence à balbutier quelques mots : j'ai un père très particulier. Elle note que je suis sous tension ++. Ça c'est sûr.

Les mots commencent à s'aligner :

« On avait, mes sœurs et moi, un point d'attache avec lui, ma grand-mère, qui est décédée en novembre de l'année dernière. Nous sommes en rupture totale avec lui depuis l'enterrement. Je ne sais pas comment réagir avec lui. Il a un côté paranoïaque et très narcissique. J'ai beau lui dire et redire les choses, il ne comprend pas. Je lui dis aussi que dès que je vois un numéro de téléphone qui ressemble au sien, je ne décroche pas. Il y a une situation qui me stresse au maximum, c'est de le croiser sur ma ville natale. Dès qu'une personne lui ressemble, je vacille ».

J'ai le cœur qui bat et je me sens mal.

Je renseigne à Laëtitia mes ressentis :

- Je stresse, je me liquéfie, j'ai des palpitations, je suis irritable, je CULPABILISE car c'est mon père. J'ai une boule dans la gorge, j'ai l'impression de ne plus respirer. Je panique, je pleure en me cachant, je dors mal et fais des cauchemars, j'ai peur qu'il nous ait touché dans mon enfance….

Je lui parle aussi de mes pensées :

- Je n'arrive pas à vider mon sac au démon, il ne comprend pas, j'ai peur de ne pas me contrôler, je peux être impulsive. Je ne veux pas qu'il me voit faible, qu'il gagne. Je suis l'ainée, je dois protéger mes sœurs…

Je me confie sur mes peurs :

- J'ai peur de le croiser, de l'avoir au téléphone, d'aller dans ma ville natale, de le voir au cimetière sur la tombe de ma grand-mère. Je recule si je croise quelqu'un qui lui ressemble. Je me cache. Je lui dis aussi que je suis contente d'avoir deux garçons car j'aurai eu peur qu'une petite fille puisse vivre la même chose que moi,...

Je l'informe aussi sur mes comportements :

- J'évite de réagir, j'essaie de me contrôler, je me retiens de pleurer, je protège mes sœurs, je me remets en question des centaines de fois pour être sûre de ne pas ressembler à mon démon. Une chose qui peut être risible, j'éteins la télévision, quand SARKOZY fait ses discours, j'ai l'impression d'entendre mon père s'exprimer et de voir ses rictus, …

1h30 où je me vide, une page et la moitié d'une autre sont griffonnées de mon histoire.

Laëtitia me dessine un schéma pour me faire comprendre le processus de l'angoisse.

C'est un cercle vicieux.

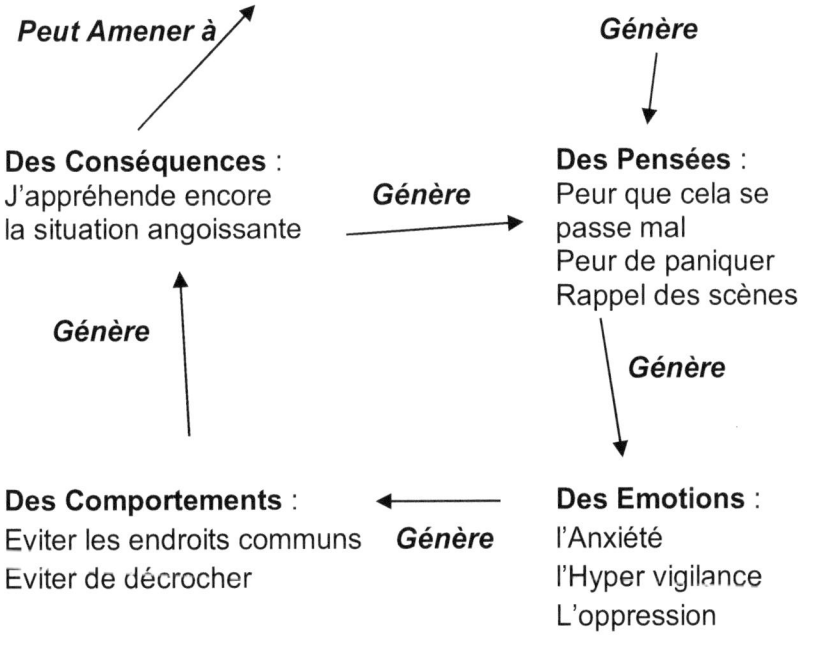

La situation angoissante de le croiser, génère des pensées, génère des émotions, qui génère des comportements, qui génère des conséquences, et qui peut emmener à deux choses, soit régénérer des pensées ou amener à la situation angoissante, un vrai cercle vicieux !!

Elle me demande à la fin de cet entretien, mes objectifs.

Je lui en donne 3 :

- Gérer mes émotions
- Savoir comment réagir si je le croise
- Etre capable de gérer quand il mourra, ne pas culpabiliser….

Elle me fait une conclusion du rendez-vous dont elle envoie la copie à mon médecin.

Je souffre d'un stress post-traumatique relatif au comportement du père. Elle me dit que je suis **une victime**, que mes sœurs et moi sommes des victimes d'un **Manipulateur Pervers Narcissique**.

Nous ne sommes pas malades, ou perfides, ou mauvaises, juste des victimes, des enfants d'un… **Manipulateur Pervers Narcissique**.

Je détaillerai son profil psychologique dans une lettre au cours d'une de mes séances.

Pour le prochain rendez-vous, elle me donne deux questionnaires à remplir pour connaitre l'échelle du traumatisme…

Je ressors sonnée, fatiguée, perplexe, mais un peu plus légère.

C'est un soulagement, une libération ! Il y a des étiquettes qui vous restent collées à la peau longtemps et celles-ci viennent de s'enlever.

Je me presse de rentrer à la maison pour en parler avec mon âme sœur, mon mari. Celui qui partage ma vie et qui me suit dans ma reconstruction.

.7.

Je me penche sur mes questionnaires pour aller à mon prochain rendez-vous, je dois répondre à plusieurs thèmes :

Pour le premier.

. <u>Est-ce que certaines activités aujourd'hui me semblent impossibles depuis mon traumatisme</u> : Je coche oui pour voir un film violent, sortir le soir, me rendre sur les lieux de mon « agression », parler en public, …

. <u>Je dois évaluer mon intensité d'anxiété</u> : Je coche oui pour les 3 questions, je me sens tourmentée tout le temps, je me sens anxieuse quand je parle de mon « traumatisme », j'explique mes sensations physiques que j'ai à ces moment-là : tremblements, boule dans la gorge, irritabilité, jambes qui flageolent…

. <u>Je dois également évaluer le retentissement professionnel et familial</u> : je n'ai pas eu d'arrêt de travail, j'ai changé de nombreuses fois de travail, je déménage souvent, je n'ai pas divorcé…

. <u>Suis-je vulnérable</u> ? Je ne me drogue pas, je ne bois pas une goutte d'alcool (Il faudrait lâcher prise et ne plus me contrôler sous l'effet de l'alcool, cela m'est impossible), je ne prends pas de médicaments. Il y a des questions sur les modifications de mes habitudes de vie : oui, je ne vais plus beaucoup dans ma ville natale. Avez-vous déjà eu des traumatismes auparavant : Forcément la vie avec mon démon, mais j'ai aussi eu un petit ami très toxique…

Sur le deuxième questionnaire, je dois noter ce qui m'a le plus bouleversé par rapport à cet événement traumatique.

Je note les événements qu'impose un démon continuellement, j'explique ses comportements, ses paroles, les mises en situation d'infériorité, ses sentiments pervers, le viol psychologique…

Je dois décrire l'événement traumatique : J'essaie d'écrire un tout, je suis dans la complexité des sentiments, je culpabilise, que dois-je dire, que dois-je faire ?
Je dois hurler, m'évanouir, m'enfuir ?
Stress maximum de la rencontre éventuelle…

Ce n'est pas simple de résumer une histoire avec des questions. Cela fait 35 ans que l'on vit sous emprise.

<u>Encore des questions</u>. Faites-vous des cauchemars ? Revivez-vous le traumatisme ? Vous sentez vous bouleversée quand on vous rappelle votre traumatisme ? Avez-vous des réactions physiques quand on vous rappelle le traumatisme ? Vous sentez-vous distante des gens autour de vous ? Avez-vous des difficultés à vous endormir ? Sursautez-vous facilement ? Êtes-vous en état d'alerte ?
Je réponds **oui ++** aux questions…

Nous notons le prochain rendez-vous le 4 Aout.

.8.

Le 4 Aout 2010, ma chaise dans la salle d'attente m'attend, mon sac me semble alourdi par mes questionnaires.

C'est à mon tour. Je m'assois sur ma chaise noire, je lui donne mes documents. Elle fait le compte et me dit qu'en conclusion, je souffre bien d'un stress post traumatique.

Maintenant, l'objectif est de trouver les clés pour me faire avancer.

On fait un point sur ma semaine passée.

Je lui donne mes sensations désagréables ressenties ou que je vis actuellement. Les files d'attente au cinéma ou au magasin me sont compliquées, trop de visages, trop de regards, une sensation de montée de chaleur, j'ai peur de tomber dans les pommes. J'ai l'impression d'être difforme, d'être le point de mire.

Elle me donne l'exercice de la respiration abdominale, elle me demande de fermer les yeux. C'est compliqué quand on est hypervigilant. Je les laisse ouvert mais je m'exécute. On gonfle le ventre en inspirant 4 secondes, on bloque 2 secondes, on dégonfle en expirant 5 secondes.

Elle sort son bloc-notes d'ordonnance, écrit les exercices et la liste de ce que je dois faire :

- Faire une liste des situations angoissantes en indiquant le degré d'anxiété (0 à 100 %)
- S'entrainer à la respiration abdominale, d'abord allongée (sur 4/5 fois par jour) et assise (5/6 fois par jour).

On note le prochain rendez-vous pour le 27 Août car je pars 15 jours en Corse.

Je ressors avec mon ordonnance, je vais me soigner sans médicaments, rien qu'avec des exercices. Cette pensée me fait sourire.

****

Nous décollons vers cette ile magique, nous laissons les bagages lourds au sol et nous découvrons des paysages magnifiques.

Une liberté, de grands espaces, des découvertes, des enfants ravis par des vacances paradisiaques. Le seul stress de notre voyage : un avion que nous avons failli rater au retour.

Il va falloir revenir à la réalité, c'est une destination qui a permis de nous retrouver, de ne pas avoir de peur de tomber sur des personnes non désirées. Maintenant reprenons le cours de notre vie, s'occuper des enfants, travailler, et me concentrer sur ma reconstruction.

J'avais fait ma liste sur mes situations angoissantes et du niveau de stress :

- Croiser mon démon, 90 %, mon ex petit ami, 40 %
- Peur d'être en retard quand il y a une échéance dans la vie, 80 %
- Recevoir un appel avec numéro de téléphone inconnu, 90 %
- Peur des gens en voiture, 75 %
- Regard des gens, 75 %
- Peur de mal faire, 60 %
- Les files d'attente, 50 %

- Peur de ne plus avoir mes enfants dans mon champ de vision, 80 %
- Quand on me met en porte à faux, 50 %
- Le bazar dans ma maison, 70 %
- Les odeurs corporelles, 60 %
- La vie, 60 %
- Que mon mari oublie les enfants à l'école, 50 %
- L'eau profonde, 50 %

Quand j'ai listé, je me suis rendu compte que je devais absolument avancer, me donner des clés.

.9.

Le 27 Aout 2010, ma chaise m'attend. On fait un résumé des jours passés. Je lui ai dit que j'étais bien car les vacances ont été sereines. Je lui raconte juste mon angoisse de rater l'avion au point d'avoir eu des courbatures le lendemain. La respiration abdominale n'y a rien fait. Elle me dit qu'il y a un exercice différend pour faire descendre l'angoisse, c'est l'image agréable (I.A.).

Comme la Corse m'a été profitable, je visualise la plage.

Laëtitia me propose un exercice de reviviscence, je dois fermer les yeux… que je laisse ouvert, hyper vigilance quand tu nous tiens…

Elle me demande de repenser une scène de mon passé qui m'a particulièrement marquée. L'angoisse est à 80 %

Je réfléchis un instant, il y en a plusieurs, mais une me vient à l'esprit rapidement.

J'avais 7/8 ans, nous sommes attablés pour le repas. Mes sœurs, ma mère et mon démon autour de notre table ronde. Pour vous situer, je suis à la droite du démon et ma sœur cadette est à sa gauche, ma sœur a une place particulière, il l'adule car il trouve qu'elle lui ressemble. Nous nous chamaillons, on lève la voix toutes les 3. Le démon interrompt notre échange et s'écrie :
« Stop ! De toute façon s'il y a une claque à donner, c'est plus facile à droite ».

Merci pour la droite, c'est moi. Ma sœur ne doit pas recevoir, ça doit être plus facile pour moi de subir. Du haut de mon jeune âge, j'ai déjà compris que l'amour n'est pas égal.

Qu'est-ce que j'ai fait pour mériter cela ?

C'est une scène qui me hante, la petite fille en moi est triste et ne comprend toujours pas.

Laëtitia me dit de revivre cette même scène en me mettant adulte à coté de cette table, de donner les sentiments qui ressortent de cette vision parallèle.

Je pleure énormément, je lui dis que ce n'est pas juste, cette petite fille ne mérite pas cette phrase. Je dirais à cette petite fille de ne pas l'écouter, je la consolerai chaleureusement car elle semble très triste, elle a mal et ça se voit.

Elle me propose l'image agréable, mon angoisse et ma tristesse descendent. Mon angoisse est à 60 %. Je crois surtout que je viens de prendre conscience que j'ai compris où on allait avec cette thérapie.

On fait un point sur ma liste, on prend la moins angoissante et me demande de faire un exercice journalier en minimisant mon stress.

Elle sort son ordonnancier :

- Si flashs du passé, laisser passer et ne rien faire,
- Se reposer les prochains jours,
- Se répéter, je suis une victime, lui est coupable,
- S'entrainer à visualiser l'image agréable, en accentuant le ressenti, détailler les sens (l'ouïe, la vue, …)

Rendez-vous dans 15 jours, le 10 Septembre.

.10.

Le 10 Septembre 2010, Laëtitia me refait le point de la séance précédente, elle demande comment je suis aujourd'hui. Je lui dis qu'une fois passé la porte de son cabinet, je me suis sentie très fatiguée.

La petite fille qui vivait en moi est moins triste car elle a été aidée. C'était une séance éprouvante humainement mais il fallait passer par ce processus pour que la petite fille comprenne.

Pour cette séance, nous allons travailler sur des photos.

Avant de s'attaquer au Démon, je lui montre mon Toxique. C'est mon premier petit ami, celui que l'on dit sérieux dans la vie d'une adolescente.

Il a le regard bleu, les cheveux d'un ange, il est beau garçon, je l'ai rencontré à la patinoire, je ne voyais que lui, il avait agi sur moi comme un aimant. Notre histoire a duré 2 ans, je l'imaginai éternelle. Elle a commencé par une belle histoire et aurait pu finir pour moi bien mal, voire mortelle.

Il a une double personnalité, il peut être doux comme un agneau comme il peut être violent émotionnellement, cette violence a commencé quand il a perdu sa sœur, j'étais avec lui à ce moment. Elle souffrait d'un cancer, elle avait 16 ans. De ce moment tragique, je me suis rendu compte d'une très dure réalité, on pouvait mourir très jeune et la tristesse pouvait vous changer quelqu'un.

Elle me demande de regarder la photo de mon toxique.

Je la fixe, cette gueule d'ange cache un petit démon.

Je lui dis que j'ai la haine car il m'a fait beaucoup de mal.

Laëtitia me demande ce que je ressens.

J'ai comme mon Démon, peur de le croiser, j'appréhende mes réactions. Malgré les 15 années qui séparent mon rendez-vous de chez ma thérapeute et la fin de mon histoire sentimentale, je garde cette terreur, cette angoisse au fond de moi.

Pendant cette séance, nous discutons aussi de certains de mes comportements de contrôle. J'ai développé certaines attitudes d'hypervigilance, nous devons mettre en place des exercices de « sevrage ».

Voici un de mes comportements de contrôle :

J'ai peur pour mes 2 garçons qu'ils ne soient pas bien attachés en voiture, il faut que je sois sûre que la ceinture soit mise. Je suis persuadée qu'ils sont attachés mais je dois vérifier 3-4 fois en regardant dans le rétro. Il faut que je sois sûre.

J'ai été premier témoin d'un accident de voiture, cela n'aide pas à enrayer le schéma de la situation d'angoisse que j'ai expliqué plus haut.

Elle me donne des exercices à faire pour notre prochain rendez-vous :

- S'imaginer croiser mon Toxique et ne pas éviter de le regarder
- En voiture avec mes enfants, sur des trajets ordinaires, essayer de ne pas redemander aux enfants s'ils sont attachés une fois que je suis partie.
    - A faire tous les jours

- Si une petite peur s'installe, attendre qu'elle diminue.

Rendez-vous le 24 Septembre

Je suis toujours dans l'attente de ces entrevues avec Laëtitia, c'est une bonne façon d'exprimer les douleurs, les traumatismes.

Le travail se fait petit à petit.

.11.

Le 24 Septembre 2010, Laëtitia me demande si j'ai pu imaginer croiser mon Toxique, c'est un exercice que je n'ai pas vraiment travaillé car je sais que ce n'est pas réel.

Pour l'exercice de la ceinture pour mes enfants, pour le moment c'est très dur. Ce sont mes bébés, je me dois de les protéger.

Je lui dis que je suis fière de moi, je commence à répondre au téléphone aux numéros inconnus. Je ne peux pas dire que je suis très aimable quand je réponds, mais je ne donne plus le téléphone à mon mari comme s'il me brûlait les mains. Il faut dire que le téléphone a été pour moi, un objet de torture émotionnel.

Quand mes parents ont divorcé, le démon est parti de la maison laissant une mère et ses trois filles. Nous avons été harcelées par des appels très ciblés, des propos d'obsédés à toute heure. Je répondais souvent car ma mère avait repris le travail.

Un jour, un homme a appelé et m'a demandé si je connaissais ce qu'était une fellation, j'avais 14 ans, j'étais choquée.

Pour certains propos, on s'est posé souvent la question, à savoir si le démon n'avait pas mis des micros dans la maison avant de partir. Il devait avoir des bons indics ou des amis manipulés. Nous avons cherché partout, démonté les téléphones. Nous avons été harcelées pendant un an.

Je lui dis que les exercices me font du bien, que j'imagine souvent les scènes vécues avec un regard d'adulte. La petite fille, l'adolescente grandit. Les démarches de la T.C.C. sont très compatibles avec mon mal-être.

Nous allons refaire sur cette séance, la reviviscence où j'étais à la droite de mon démon, toujours autour de cette table ronde entourée de mes sœurs et ma maman. Nous nous agaçons.

Mon démon me regarde et dit :
« C'est plus facile de taper à droite ».

Là, je lance un regard noir et lui demande :
« Pourquoi c'est encore moi qui prends, je ne comprends pas, je te hais, qu'est-ce que je t'ai fait ?

La petite fille a grandi et a compris qu'elle ne méritait pas ses méchancetés, l'angoisse est à 10-20 %.

Comme cette reviviscence a bien marché, elle me redemande de travailler sur une autre.

J'en ai plusieurs.

Pour celle-ci, j'aurai pu faire une bêtise, une grosse bêtise, elle aurait pu m'emmener à la mort.

J'avais 19 ans, mon démon vient chez ma mère, ils sont divorcés depuis 5 ans. Il est assis sur le canapé blanc en faux cuir. Je ne me souviens plus de quoi est parti la dispute entre lui et moi, mais il faut que mon mal-être sorte. Je lui dis tout ce que j'ai sur le cœur. Ce qu'une petite et jeune fille ne devait pas subir de la part d'un père.

Ma mère est accoudée sur le fauteuil, elle intime au démon de m'écouter. Je n'arrête plus, les flots de paroles pleuvent. Il me regarde et ne réagit pas, il me dit « Non ce n'est pas vrai ».

Je lui relate l'épisode où j'avais fait l'effort d'aller chez lui un weekend et que le dimanche, il m'avait mise à la porte en me prenant le bras violemment et me disant droit dans les yeux, « Vas t'en, connasse de fille ».

Je regarde ma mère dépitée, il ne comprend pas, j'ai envie de le claquer !

Il me regarde et me dénigre. Je suis ulcérée par ses réactions, je veux le fuir, ne plus l'écouter être dans le déni !

J'ai envie de me tuer, peut-être comprendra-t-il ?

Je suis sous-antidépresseur, je cours dans la salle de bain pour prendre mon tube de médicament.

Ma mère a compris, elle me court après, me plaque au sol et m'arrache des mains mon « libérateur de malheur ».

Je reviens dans le salon. Il me demande :
« Je peux te serrer dans mes bras ».
« Ne me touche pas, ne t'approche pas », lui ai-je hurlé.

Je voulais qu'il me dise pardon…

Mon angoisse est à 40 – 50 %.

J'ai compris ce qu'attendait Laëtitia de la séance, j'ai regardé la scène d'un œil extérieur. Elle me demande de voir virtuellement l'image agréable pour atténuer encore l'angoisse. Un paysage de Corse fait descendre celle-ci à 30 %.

Elle me donne les exercices à faire pendant 15 jours :

- Faire l'exercice de la ceinture de sécurité pour mon ainé. Faire attention de ne pas compenser (ne pas vérifier).
- Continuer à décrocher le téléphone quand ce sont des numéros inconnus, dire « Allô » sans attendre trop longtemps.
- Se reposer.

- Laisser venir les flashs de reviviscence et les laisser repartir.

.12.

Le 8 Octobre 2010. Le rituel de mes rendez-vous est bien installé. Nous retraçons les 15 jours passés avec les petites et grandes victoires.

Je commence par lui dire que bientôt cela fera 1 an que ma petite mamie est partie. Je réussis à prendre du recul. La tristesse de la perte s'atténue.

Le travail avec le démon demande du temps. Je ne me sens pas capable de déposer une gerbe sur sa tombe à la grande angoisse de tomber sur lui.

J'appréhende également un appel, nous arrivons bientôt aux 6 ans de mon deuxième garçon, je me prépare psychologiquement.

Il est capable de prendre contact par plusieurs moyens. J'ai changé d'opérateur, normalement il n'y aura rien. Je protège mes enfants de son influence, j'ai peur qu'il n'arrive à les atteindre par les mots ou par des gestes afin de me faire du mal par leurs intermédiaires.

Je lui dis aussi que je suis lasse de mon travail, je vais demander à mon employeur, une rupture conventionnelle pour pouvoir me poser et réfléchir à une reconversion. J'ai étudié la comptabilité, un métier qui me permet d'avoir aujourd'hui une très bonne place, mais il ne convient plus, je n'y trouve plus de plaisir. Je dois trouver ma voie, celle qui me ressemble.

C'est une séance où j'ai beaucoup parlé.

Mes exercices pour 21 jours, rendez-vous pris le 29 Octobre :

- Essayer de moins regarder sur mon téléphone si c'est un numéro privé.
- Continuer à dire « Allo » sans attendre.
- Le soir, imaginer que le démon appelle pour l'anniversaire de mon fils.
- Faire une lettre avec ce que je ressens comme si c'était adressé à mon père et l'étudier avec Laëtitia.
- Demander à mes enfants s'ils veulent avoir des contacts avec leur grand-père.
- Pratiquer la technique du Brouillard : Si les enfants posent des questions sur mon passé, rester floue, en dire le moins possible, ne pas détailler, …

.13.

Le 29 Octobre 2010, vite, vite, je dois rentrer dans son bureau, m'assoir sur ma chaise noire. Laëtitia, il va falloir m'aider !

Non, ce n'est pas pour l'anniversaire de mon gars qui était le 19 Octobre, non ce n'est pas un appel de mon Démon, non je n'ai pas croisé mon Toxique.

Mes fils ont vécu un traumatisme. Je sors l'article de Journal :

> Le 23 Octobre : Le drame s'est produit, hier après-midi, au centre aquatique, lors d'une sortie scolaire. Une enquête a été ouverte pour déterminer s'il y a eu défaut de surveillance. « On ne sait pas ce qui s'est passé... ». Les maîtres-nageurs et l'ensemble du personnel de la piscine sont en état de choc.
>
> « Combien de temps l'enfant est-il resté sous l'eau ? Comment a-t-il pu échapper à la vigilance des surveillants ? On ne le sait pas. C'est la première fois qu'un tel drame se produit ici. »
>
> Vers 15 h 15, un groupe de trente-cinq enfants sort de l'eau. Ils sont scolarisés en maternelle, en moyenne et grande section. Ils se dirigent vers le vestiaire. Sauf, Marius, 5 ans.
>
> Ce sont les élèves d'une autre école, qui ont découvert le corps. Ils étaient sur le point d'entrer dans l'eau pour leur activité piscine, à la suite de leurs camarades. Ils ont d'abord cru à la présence d'un mannequin. Une cellule de soutien psychologique a été mise en place par l'Inspection académique

Mes deux enfants faisaient partie de l'école qui a découvert le corps. L'alarme a retenti pour les faire sortir de l'eau et ils ont été installés sur les tribunes. Ils ont été témoins de la réanimation du petit garçon avant d'être évacués.

Les enfants ont été pris en charge très rapidement par une cellule psychologique et les parents ont été invités le soir pour rencontrer les psychologues.

Je demande à Laëtitia l'aide que je peux apporter à mes enfants. Elle me dit comme la cellule psychologique, qu'ils risquent de cauchemarder de requins, de danger dans la piscine, qu'il faut les écouter s'ils ont des questions, leur répondre avec des mots simples.

Elle me dit que pour un enfant c'est une page froissée dans leur journal de vie, elle est moins traumatique que ce que nous vivons en tant qu'adulte.

Nous, les parents, avons eu très peur, peur que ce soit le nôtre, nous avons tous fait un transfert.

Nous devons leur montrer que la vie même avec une page froissée est une formidable expérience.

Le fait de discuter permet de comprendre le processus par lequel nos enfants vont passer.

Dans cette même séance, je lui parle aussi de mon Démon, ou plutôt du fantôme du Démon, je lui dis que pour l'anniversaire de mon fils, nous avons reçu sur le compte bancaire, une somme d'argent, pas un mot, pas une carte, je trouve cette façon de souhaiter cette fête bien basse. Mais que pouvions-nous attendre de lui ?

Nous devons être une œuvre caritative, nous avons reçu un don !

Bientôt, le mois de Janvier, ce sera aussi son anniversaire, le démon va changer de dizaine. Il va avoir 60 ans. Ne dit-on pas que c'est l'âge de la sagesse ?

Laëtitia sort son calepin pour y noter mes exercices :

- Aller à la piscine avec les enfants, une autre que celle de l'accident, privilégier le jeu.
- Stabiliser les exercices travaillés auparavant.
- Ecrire, et enfermer dans une enveloppe une lettre que je dois envoyer virtuellement à mon démon. La mettre dans un endroit personnel, la cacher.

Nous allons espacer petit à petit les rendez-vous, il faut aussi apprendre à se sevrer, si cela est trop difficile, nous reprendrons le même rythme.

.14.

Le 17 Décembre 2010, nous débutons la séance par le point sur les exercices, un mois et demi sans rendez-vous.

Je vais plutôt bien, j'ai réussi à négocier une rupture conventionnelle avec mon employeur, je vais enfin pouvoir faire un bilan de compétences.

Déjà 13 ans que je travaille, jamais ne je me suis arrêtée, juste pour le congé parental de mon deuxième enfant.

C'est aussi un nouveau départ, une remise en question. Je veux trouver un travail qui me convient, un travail qui peut lier mes compétences à mes qualités personnelles.

Je lui dis que nous avons voulu aller à la piscine avec les enfants mais mon grand ne veut pas pour le moment, il bloque.

J'exprime aussi à Laëtitia l'envie d'avoir un troisième enfant. Il est temps de travailler sur ma peur d'avoir une petite fille. J'ai deux garçons, je suis fière et rassurée.

L'angoisse d'avoir une fille ?

C'est qu'elle puisse vivre la même enfance que moi.

Le travail de la T.C.C. fait ses preuves, le fait d'avoir soigné la petite fille qui vivait en moi, m'a permis d'accepter cette perspective de naissance féminine.

Par contre, pas de nouvelles du Démon, dans 8 jours c'est Noël, c'est blessant pour mes enfants. Il n'est pas capable, une seule fois de l'année, de prendre des nouvelles de sa descendance.

Je n'aime pas Noël depuis mon enfance, j'ai appris à l'apprécier avec la naissance de mes enfants et il est capable encore d'être blessant sans être là.

Un Noël avec un Démon n'est pas facile, il y a eu certainement de bons repas, de beaux cadeaux mais toujours des réflexions, des regards, des mots pas adaptés pour cette occasion. Des réunions de famille qui finissent par des pleurs cachés.

Je me souviens de repas chez les parents de mon démon, mes grands-parents, là où a vécu ma petite mamie.

Cette femme était très gentille mais le démon a de qui tenir, son père est Satan, il a le mal en lui. Il aura blessé sa femme, sa fille, il ne respectait pas ce qui pouvait être de sexe féminin.

Il transpirait la perversité sexuelle et malsaine. Maman, mes sœurs et moi n'avons jamais été à l'aise avec lui.

Il pétait à vous écœurer, vous envoyait l'eau à la figure si notre verre se renversait, il imposait des différences de cadeaux entre mes cousins et nous les filles.

Après les remerciements d'usage, nous reprenions l'ascenseur, descendions les dix étages, en ayant la tête basse et en pleurant discrètement.

Mon démon nous accompagnait, et il n'aimait pas qu'on ne veuille pas retourner le voir.

Dois-je avouer que le jour de son enterrement, nous avons été soulagées ?

****

Laëtitia aimerait que l'on retravaille sur les photos afin de pouvoir regarder le visage du démon, pouvoir accepter de le croiser et gérer l'angoisse.

Mon ordonnance est prête, elle note ce que je dois travailler :

- A chaque idée négative sur mon démon, se dire « OUI, c'est dur, mais c'est comme ça ! »
- S'investir avec mes enfants pour Noël, REDONNER du sens à cette fête.
- Si trop de cheminement dans les pensées, visualiser un panneau STOP – Répéter la technique au maximum, le jour, la nuit, …
- Pour la piscine, emmener mon grand tout seul, commencer par la pataugeoire, se forcer un petit peu. Essayer d'y aller le plus possible

Nous convenons du prochain rendez-vous, le 25 janvier.

Une nouvelle année pour avancer.

.15.

Le 25 Janvier 2011, nous nous souhaitons nos meilleurs vœux, le mien intime est de pouvoir passer une année sans pensées négatives.

Nous reprenons l'ordonnance de la séance précédente, j'ai bien travaillé les points demandés.

Le panneau STOP fait partie de mes armes, parfois il faut qu'il soit petit, parfois il faut qu'il prenne des dimensions impressionnantes pour essayer de stopper les angoisses.

Concernant le travail, je fais un bilan de compétences, il y a des tests, des exercices qui permettent de faire prendre conscience de mes qualités. Je suis confortée dans mes changements, je prends confiance un peu en moi.

Je lui dis qu'il y a des moments où je suis bien et des moments plus difficiles. Ma sœur a reçu un appel de la copine du Démon. Le moindre évènement le concernant, relance des angoisses, des peurs.

Il existe aussi un sentiment d'abandon, depuis le décès de ma petite mamie, notre tante nous a fermé la porte, elle a pris le parti de notre Démon, c'est son frère mais pourtant elle était de notre avis sur ses comportements.

Mes sœurs et moi recherchons souvent ce que nous avons fait de mal.

Nous devons travailler sur les photos, j'ai apporté celle de mon mariage où mon démon est à mon bras, et d'autres qui relatent des tranches de vie. J'ai du mal à les regarder.

Il a toujours un regard qui n'est pas vrai.

Celle de mon mariage, ce n'est pas de moi qu'il est fier, c'est de son rôle de père qui le place à être regardé.

Il ne fait pas sincère, il en fait trop, il parade. Même sur cette photo, je n'arrive pas à soutenir son regard et ce sourire pincé.

J'avoue à Laëtitia que j'ai du mal à regarder mes albums photos, je passe vite les pages quand il apparaît.

Elle me prépare ma liste de devoir pour le 22 Février :

- Quelle est la preuve que ma tante est vraiment du coté de mon Démon, ce que je pense est-il vrai ?
- Pour ma famille, se demander ce que telle ou telle personne peut vous apporter ?
- Tous les jours, prendre les albums photos et le feuilleter très rapidement.
- Dans 15 jours, les feuilleter un peu moins vite.
- Continuer le STOP, le dessiner
- Aller vérifier le **ressenti** émotionnel (vis-à-vis des personnes), tout le monde en ressent, je ne suis pas la seule :

Les ressentis : Ce sont les expressions physiques d'une émotion. Un ressenti est donc directement lié à un vécu émotionnel et se manifeste dans le corps de différentes manières. Tout comme les émotions, un ressenti peut être agréable ou désagréable (et pas positif ou négatif)

Voici quelques ressentis "classiques" que nous avons tous expérimentés à un moment ou un autre en fonction des émotions que nous vivons :

- Papillons dans le ventre
- Chaleur dans le visage et/ou le corps
- Oppression dans la poitrine
- Frissons
- Jambes molles
- Nœud dans la gorge
- Picotements dans les mains, les bras, les joues, etc.
- Bouche sèche, …

****

J'ai besoin d'écrire, je sors mon ordinateur, j'ouvre mon fichier Word, un jour j'écrirai mon histoire, j'espère du fond de mon cœur.

Je pourrais l'intituler « Enfant de l'ombre » :

(Janvier 2011)

Nous sommes des enfants de l'ombre,
On s'en rend compte et ça nous rend sombre,
Enfant de pervers narcissique,
Quelle mauvaise musique,
On cherche des réponses,
A nos innombrables questions.
Quelle souffrance interne.
Quelle attitude à avoir envers ta perversion ?
Enfant de l'ombre, voici ta vie.
Père pervers narcissique, que cache ta maladie ?

Monsieur Narcisse, tu es défini comme suit :

- Tu as un sens grandiose de ta propre importance. Tu surestimes tes réalisations et tes capacités, tu t'attends à être reconnu comme supérieur sans avoir accompli quelque chose en rapport.

- Tu es absorbé par des fantaisies de succès illimité et de pouvoir.

- Tu penses être spécial et unique et tu penses pouvoir n'être admis ou compris que par des institutions ou des gens de haut niveau.

- Tu as un besoin excessif d'être admiré.

- Tu penses que tout t'est dû et tu attends à bénéficier d'un traitement particulier et favorable à tes désirs

- Tu exploites les autres et utilises autrui pour parvenir à tes propres fins

- Tu manques d'empathie et tu n'es pas disposé à reconnaître les sentiments ou les besoins des autres.

- Tu envies les autres.

- Tu fais preuve d'attitudes et de comportements hautains et arrogants.

Enfant de l'ombre, tu subis comme suit :

- Tu te considères petit dans ta propre existence.

- Tu minimises tes réalisations et tes capacités.

- Tu as peur de reproduire ses travers.

- Tu t'enfermes…

Je m'arrête là, cela me fait mal, j'ai envie de pleurer… Penser à respirer...

IMAGE POSITIVE, STOP, STOP, STOP, STOP, …

.16.

Le 22 Février 2011, une nouvelle séance.

Je ne vais pas trop parler de moi, mais plutôt d'un de mes garçons qui passe un moment difficile. Je ne veux pas me tromper dans mes agissements de maman pour son avenir. J'ai besoin d'être rassurée par Laëtitia.

Nous faisons dans un premier temps, le point des exercices, le fait de feuilleter les albums est compliqué, difficile, je n'ai pas envie pour le moment…

Nous enchaînons sur mon deuxième garçon, il est âgé de 7 ans, il est en CE1. Il a une phobie, il a peur d'être malade à l'école, peur d'avoir toujours envie de faire pipi ou caca au moment où il ne faut pas !

Je crains qu'il s'enferme sur lui-même, je n'ai pas envie qu'il soit malheureux, qu'il s'ancre dans cette phobie.

Ma petite sœur connaît ce problème, elle angoisse vite quand elle est dans un endroit qu'elle ne connaît pas. Elle a 32 ans et par moment, c'est encore difficile.

Il ne veut plus aller au Judo, il se prive de certaines sorties. Il éprouve le besoin de faire pipi plusieurs fois avant d'aller quelque part.

Pourtant, il n'a jamais eu de fuite urinaire, jamais eu de mauvaises expériences de caca dans la culotte, c'est un enfant qui a été propre très tôt.

Mon angoisse que cette phobie lui reste est de 50 %. Au cours de la séance, à force de discuter, la tension descend à 35-45 %.

Nous allons, par quelques séances avec la collègue de Laëtitia, mettre en place une aide pour mon loulou…

On reprend ma séance personnelle. Beaucoup de paroles, beaucoup d'échanges, on peut parler de choses diverses, je lui dis aussi que je rêve énormément.

Cela peut passer du Démon, au Toxique, à Satan, peur de me noyer, je n'appellerai pas cela des rêves mais plutôt des cauchemars.

Je deviens maniaque dans ma maison.

Je désire un bébé mais il se fait un peu attendre, mes deux premières grossesses ont pris rapidement. Je suis fatiguée mais cette période de chômage me fait du bien.

Pour le 28 Mars, j'ai une longue liste de tâches et de clés:

- Les arguments contraires à la pensée que mon fils devienne phobique comme ma sœur :

A RELIRE TOUS LES JOURS

- o J'ai été voir mon Docteur, j'ai les infos.
- o Il faut qu'il se fasse aider.
- o Il existe des thérapies qui traitent les phobies (T.C.C.).
- o Mon fils est jeune donc cela l'aidera plus vite.
- o On prend le mal à la racine.
- o Il va être suivi.
- o Il va avoir les clés pour avancer.

- o Je vais faire ce qu'il faut pour l'aider, je vais l'encourager.
- o C'est faux de penser qu'il va être comme ma sœur, ce sont des êtres différents.
- o Depuis Lundi, c'est mieux.
- o Il est heureux malgré tout, il vit bien.
- o C'est dur d'aller au Judo mais il y arrive.
- o Ce n'est peut-être pas grand-chose.

- Faire attention à ne pas faire tout d'un coup.
- Prendre des renseignements pour le travail, sans choisir.
- Tous les jours, visualiser un point positif dans la journée.
<u>Exemple</u> : J'ai réussi à ne pas m'agacer.

.17.

Le 28 Mars 2011, ma chaise m'attend. J'ai une bonne nouvelle à annoncer à Laëtitia, je suis enceinte. Un petit bébé qui devrait naitre autour du 24 Novembre.

Je lui dis que mon garçon va mieux. Je l'accompagne au Judo, il fait un pipi et c'est parti pour sa séance. Il est aidé par votre collègue Laëtitia, il a lui aussi ses petits exercices. Il paraît plus épanoui.

C'est une fierté, j'élève mes enfants dans un partage, un sentiment d'aide et de respect. Son papa est présent, nous sommes normaux, en fait.

Pas de transfert, pas de décalcomanie du Démon. Je crains toujours d'être pareille, je demande souvent à mon mari de me dire si je lui ressemble !

Je reste en veille pour chercher du travail, mais je suis enceinte, j'ai eu deux grossesses difficiles auparavant. J'ai eu des entretiens mais je vais aujourd'hui prendre la décision de ne pas travailler avant que mon bébé naisse.

J'ai souvent suivi des ordres, celui-ci je l'assume. Je vais profiter de ce repos que j'ai bien mérité.

Je suis toujours après mon rangement, j'ai un peu de mal à laisser les miettes, le bazar s'installer. Ça me stresse. Je sais d'où ça vient, et vous comprendrez que le Démon fait partie de ce T.O.C.

Lui n'est pas ordré, son appartement sent la litière de chat non changée depuis 3 mois, l'odeur du tabac froid est omniprésent, la nicotine en a tâché les murs. La vaisselle sale est dans l'évier depuis plusieurs jours. Lui, est propre et sent toujours le parfum TED LAPIDUS, une odeur qui est incrustée dans ma mémoire.

Je stresse fort quand je sens ce parfum dans mon entourage. Une odeur peut être plus perturbante qu'une présence, parfois…

C'est une séance courte, pour le 29 Avril, quelques suggestions :

- Bien repérer toutes les améliorations de mon fils.
- Laisser un petit détail moins bien fait (ménage) et l'accepter, penser au détail sans le rectifier.
- Retourner au travail, une simple hypothèse. Faire le tableau des Avantages et Inconvénients :

Avantages	Inconvénients
S'occuper, se sentir utile (8)	Gérer les emplois du temps de nouveau (1)
Financier (7)	Fatigue (8)
Expérience (2)	Risque pour le bébé (10)

1) Noter tous les arguments en pensant au plus long terme
2) Poids à chaque argument à noter de 0 à 10
3) Calculer chaque colonne pour totaliser

.18.

Le 29 Avril 2011 : une nouvelle séance arrive avec de nouvelles questions et de nouvelles solutions.

La grossesse se passe plutôt bien pour le moment, je suis à deux mois, c'est déjà pour moi une grande victoire.

Dans 13 jours, j'ai ma première échographie, je l'attends avec impatience. En effet, pour mon deuxième enfant, le doute a persisté pour savoir si l'œuf allait s'accoler à la paroi utérine correctement. Il a fallu attendre le troisième mois avant de souffler.

Il faut que j'apprenne à accepter les choses comme elles doivent être.

Je dis à Laëtitia que je ne vais pas reprendre le travail pour le moment. Je vais prendre le temps de profiter de mes deux grands et surtout le temps de penser à moi et à cette future vie.
Pas question de ressentir du stress ni de faire trop de route, je veux mettre toutes les chances de mon côté.

Mon deuxième garçon gère beaucoup mieux ses angoisses, le travail de la T.C.C. se passe bien pour lui aussi.

Durant la séance, je lui raconte une péripétie.

Il y a quinze jours, nous étions au restaurant avec nos garçons, nous mangions tranquillement quand je regardais alentour.

Soudain, je me liquéfiais sur ma chaise !

Je crus reconnaitre la copine de mon Démon. De surprise et pour le constater de nouveau, je me retournais une deuxième fois en me disant qu'il était là !!!

Mon sang ne fit qu'un tour.

Ouf ! Ce n'était pas eux !

Cette pauvre femme, à cette table, a dû me regarder d'un drôle d'œil.

Comment vais-je pouvoir réagir quand ce sera vraiment lui, comment vais-je gérer mes réactions ?

Pour la séance du 6 Juin, plusieurs instructions :

- Regarder les photos de mon Démon à la maison, ensuite laisser venir et partir chaque pensée ou émotion, les emmener.
- Visualiser que mon Démon et moi, on se croise sur ma ville natale, visualiser la rue et la tête de mon Démon. S'imaginer que je l'ignore, que je fais comme s'il n'était pas là.
- Se questionner sur mon bébé et moi, sur les bonnes choses que l'on va vivre. Ne pas anticiper le négatif.
- Compter sur les membres de ma famille, les vrais, je dois m'investir pour eux et avec eux.

.19.

Le 6 Juin 2011, encore une épreuve !

La vie n'est pas un long fleuve tranquille, je le sais, mais parfois, nous aimerions avoir du répit. Je ne dors pas beaucoup en ce moment, c'est un peu compliqué.

Mon mari est trésorier pour le club de Judo de notre commune. Nous sommes conviés par le responsable d'une enseigne de sport pour discuter de divers projets. Dans la discussion, nous constatons que nous aurons le plaisir de nous retrouver, dans la soirée, sur le même tournoi inter-société de Hand Ball loisirs.

Mon mari participe aux matchs, mes enfants et moi les regardons évoluer. Le responsable nous aperçoit et se dirige vers nous. Il nous dit que les conditions sur sable sont difficiles et fatigantes. Il rit et repart tout guilleret pour son match.

De loin, je vois une personne s'écrouler raide.

Mon cœur fait un bond dans ma poitrine. Oh non ! Que se passe-t-il ?

Plusieurs personnes s'attroupent, mettent cet homme en position latérale de sécurité. A ce moment, tout s'accélère, des massages cardiaques sont pratiqués… les gens s'animent… quelqu'un part courir chercher un défibrillateur… les pompiers arrivent…

La femme et la fille de ce monsieur sont à genoux en pleurs. Cet homme vient de mourir… crise cardiaque foudroyante…

Nous apprenons avec stupeur que c'était la personne que nous avions rencontrés ce même après-midi et qui nous avait confié sa fatigue sur le terrain. Si nous avions su !!!

Tout a été très vite, nos garçons ont encore été témoins de la mort.

Nous les avons informés qu'il était pris en charge par les pompiers pour qu'il soit soigné. Pas deux décès, dans leur petite tête, en si peu de temps !

Je dis à Laëtitia que je n'arrive pas à passer au-dessus de cette scène.

J'ai peur de la mort, ce monsieur aurait pu être mon mari. L'image de cette femme à genoux et de sa fille, c'est tellement dur.

J'ai peur pour mon bébé, le soir, je panique, j'ai mal au ventre, j'oppresse.

Je me dis avec crainte « On ne sait jamais, cela peut être mon tour ? »

Ce sont juste des douleurs ligamentaires mais je ne contrôle pas mes peurs. Dès que je prends la route, j'ai l'appréhension des bosses, peur que mon bébé « se décroche » !

J'essaie de penser au positif, mais la peur reste présente.

****

Nous reprenons l'ordonnance de la séance précédente. J'ai emmené quelques photos de mon Démon.

Je n'arrive pas à analyser autre chose que son regard et ses rictus.

Impossible, pour le moment, de m'imaginer à le croiser, même virtuellement.

Laëtitia me demande si j'ai des amis pour en discuter.

Oui, j'ai des amis, mais je ne discute jamais de mon passé, je les écoute mais je ne veux pas les ennuyer avec mes histoires.

Les personnes qui ont croisés mon Démon, le voient comme quelqu'un de bien, de gentil, d'instruit. C'est vrai qu'il a cette capacité innée à faire semblant d'être le meilleur, le plus beau, le plus parfait…

Il joue ce rôle à la perfection devant ses collègues, nos amis, notre entourage… sauf devant nous.

Dès qu'il sait qu'il a captivé son auditoire, il en fait encore plus et enjôle son public, le happe, un vrai comédien !

Qui aurait pu nous croire si on avait dit l'inverse de ce qu'il paraissait être ?

****

Technique de la pause et de la bulle pour apaiser mes angoisses. Après les exercices, celle-ci est passée de 50% à 30%.

Pour le 29 Juillet, encore du travail et des explications sur les diverses techniques :

- Utiliser la technique de la PAUSE : Dès que cela devient difficile, s'arrêter, sortir de la situation difficile quelques instants, se calmer, puis revenir dans la situation.
- Dans la voiture, ne pas modifier mon comportement, laisser faire la panique, la laisser passer seule (Ne plus anticiper les bosses).
- Parler un peu de mes angoisses à mon entourage.
- S'entrainer tous les jours à la technique de la BULLE :

- Faire venir une petite douleur, un petit ressenti difficile.
- Accepter, rester avec la situation plusieurs minutes, bien la décrire.
- Enfermer la sensation dans une bulle et la laisser partir.

.20.

Le 29 Juillet 2011, les séances de thérapie font leur effet.

Les techniques s'ancrent dans ma tête, ma façon d'être. Je ne suis pas guérie, je serai toujours blessée, mais aujourd'hui j'ai des armes.

Nous faisons un point sur les exercices précédents. J'ai travaillé les techniques et essayé d'apprendre à gérer mes paniques.

Ce petit bébé qui grandit en moi m'aide, il est très présent par les coups dans mon ventre, un futur judoka !

Ma grossesse est plutôt bien gérée. J'ai eu des saignements, mais rien de grave, juste le suivi pour le fait que je sois de rhésus négatif.

Cette grossesse m'épanouit, tout le monde pense que j'attends une petite fille après deux garçons.

Et bien non ! ce sera un troisième garçonnet.

Soulagée, pensez-vous ?

Non, j'étais prête aujourd'hui à attendre une petite demoiselle.

Je l'ai travaillé avec Laëtitia, il faut arrêter de faire des transferts de vie, nous avons chacun un libre arbitre, un destin à part entière.

Pendant la séance, je lui explique que j'ai du mal à rester enfermée dans une pièce, les portes sont mes ennemies.

J'éprouve le besoin qu'elles restent ouvertes car j'ai l'impression d'étouffer. Si je suis dans la salle de bain porte fermée, la sensation d'humidité et d'enfermement me stresse.

Pourtant, je n'ai pas de souvenir d'avoir été au « cachot », mon démon est un mauvais père mais jamais je n'ai eu de telle punition.

Au fond de moi et en discutant, je pense peut-être à mon enfermement émotionnel, cette émotion, ces ressentis qu'il a fallu que je garde pour moi…

Je me pose la question de savoir si je dois informer mon démon quand mon bébé naitra.

Il sera à nouveau papy. Doit- il être au courant ? comment faire ? un courrier ? un mail ?

Je lui parle aussi de mon image, elle me dit que j'ai le trouble de l'image de moi, de la relation à mon propre corps. Je fais un 40, mais devant le miroir, mon reflet fait le double dans mon esprit !

On appelle cela la dysmorphophobie.

<u>La définition</u> : Le dysmorphophobie se caractérise par des pensées excessives et une obsession d'un défaut imaginaire ou d'un petit défaut physique, dont la perception de la personne est complètement démesurée. La personne atteinte de dysmorphophobie a une mauvaise image d'elle-même. Ces manifestations obsessionnelles entraînent des attitudes négatives, voire néfastes pour la personne.

Quand un homme me regarde, je pense qu'il voit mes défauts imaginaires et je me sens mal à l'aise… mal dans mon corps… je voudrais me faire toute petite.

Mon démon nous a tellement dit que mes sœurs et moi, nous étions belles, mais tellement de fois et tellement mal dit que nous recevions ce compliment comme une sensation de voyeurisme et de perversion envers nous.

Dans notre conversation, je lui dis que mon démon a pris toutes nos réussites pour lui, il a vécu nos victoires comme les siennes.

J'ai réussi à avoir mon bac+2. Il m'a dit :
« Tu es comme moi ! Tu es douée pour l'informatique, **comme moi**. Tu es logique **comme moi**. Tu fais ça **comme moi**, et ci **comme moi**… **comme moi**… **comme moi**… »

Stop ! Non je suis moi et toi, tu es toi. Tu n'as pas fait d'études, tu aimes l'informatique dont tu as fait ton métier, tu as ta logique, et moi je suis **Moi, Moi, Moi, Moi,** ….

Nous allons faire une pause de quelques mois, mon prochain rendez-vous est prévu le 6 Janvier 2012.

Je vais préparer l'arrivée de mon bébé, elle me redonne des techniques, des exercices pour attendre ce rendez-vous, presque 5 mois.

Je grandis, j'ai grandi, je vais réussir :

- En cas de Panique :
    - Bien souffler.
    - Respirer dans un sac (quelques respirations).
- Essayer de refermer un peu la porte de la salle de bain.
- Essayer de ne pas imaginer ce que vous noterez dans le mail adressé au démon, ne le faire que si j'en éprouve le besoin.
- Repenser au fait que mon démon se sent finalement inférieur à moi.
- Continuer à se voir avec un regard neuf. Essayer de regarder les photos et se dire : « Si tu ne connais pas cette fille, comment trouves-tu sa silhouette ? »
- Essayer un pantalon taille 48 dans un magasin afin de faire un comparatif.

.21.

Le 24 Novembre 2011.

Mon petit garçon est né, un beau petit blondinet aux yeux bleus après mes deux grands garçons bruns aux yeux couleur noisette.

Nous sommes trois sœurs, deux aux cheveux châtains et aux yeux noisette et la dernière blonde aux yeux bleus. La génétique est là, c'est un clin d'œil à la vie.

J'aime m'occuper de mes garçons, je prends du temps avec chacun, je me sens épanouie mais je sens que j'ai encore besoin de mes séances.

C'est mon exutoire, mon lâcher prise de parole, pas de critiques, elle ne me regarde pas comme un monstre sans cœur, je peux tout lui dire.

J'essaie d'écrire mon histoire. Je ne veux pas d'autobiographie, c'est triste. J'aimerais trouver la trame pour aider les personnes, à travers mon vécu et ayant connu un Démon.

J'ai été une enfant, victime de Pervers Narcissique Manipulateur, on n'en parle pas assez…. Je laisse mûrir cette idée dans ma tête.

.22.

Le 6 Janvier 2012, une nouvelle année, des nouvelles résolutions.

Je dis à Laëtitia, que je ressens le besoin de mes séances, encore des points d'ombre à éclaircir.

Je n'arrive pas à occulter le comportement de mon démon. Aucune démarche d'approche de sa part depuis la naissance de mon bébé. D'accord ! je ne l'ai pas informé, c'est un fait !

Le père de mes cousines est resté son ami. Il doit le savoir, j'en suis persuadée.

Je lui parle aussi de mon accouchement qui a été traumatique car j'ai fait une crise panique énorme.

Je voulais donner naissance à mon bébé sans péridurale. Pour mes deux premiers, j'avais fait une intolérance au produit. Mon ainé était parti chez les prématurés en souffrance fœtale.

J'arrive quasiment au bout du travail, tout de même très douloureux. La sage-femme me demande si je souhaite la péridurale, elle me dit : « C'est maintenant ou jamais ! ».

Dans la souffrance de la contraction qui survient, j'accepte. L'anesthésiste arrive, je lui parle de mes deux premiers accouchements. Il me demande à combien je souffre, je lui dis 8 sur 10.

Il me fit une péridurale aussi forte que pour une césarienne, je n'avais plus mal, c'est sûr, mais je ne sentais plus le bas de mon corps. Je ne sentais plus mon bébé, je ne pouvais plus bouger ……

Je perdis le contrôle de mon corps, le contrôle de ma tête, j'ai paniqué énormément.

TOUTE MA VIE J'AI CONTROLE MON CORPS, TOUTE MA VIE, J'AI CONTROLE MES SENTIMENTS, TOUTE MA VIE J'AI GERE UN CORPS EN ENTIER ET TOUT CA A CAUSE DE MON DEMON….

J'étais très nerveuse, très angoissée, l'équipe médicale n'a pas compris, je leur ai fait très peur. Mon mari m'accompagnait, lui SAVAIT pourquoi j'étais en panique.

L'équipe me demandait de lâcher-prise…. Je ne sais pas encore faire, je ne sais toujours pas faire…

Lâcher-prise c'est savoir accepter ses limites…

****

Je parle aussi à Laëtitia de mon ressenti profond, je pense que mon Démon nous a violé psychologiquement, mes sœurs et moi et Satan aussi. Des regards pervers, des gestes mal intentionnés.

Mon Toxique ne m'a pas aidé en étant lui, acteur des faits.

Je ne peux pas regarder de film avec violence sexuelle, je ne suis pas bien, j'ai envie de hurler, ça me hérisse, j'ai envie de frapper.

Laëtitia me demande si j'aimerai faire de l'hypnose pour savoir, savoir s'il a abusé de moi.

Je lui réponds que Non, s'il avait vraiment agi, je pourrais le tuer…

Il a abusé dans le sens où il allait très souvent de sa chambre à la salle de bain, nu comme un ver alors que je m'y trouvais. J'étais une ado qui se construisait. Il n'était pas gêné ou le faisait-il exprès ?

J'ai cauchemardé de nombreuses fois de Satan. Un dont je me souviens : Nous étions à son enterrement et le prêtre disait du bien de cet homme, je m'étais levée en criant avec force : « Non, il m'a violée ! ».

Mon Toxique a été ma première expérience sexuelle. La première fois, il m'a un peu forcée car je n'étais pas prête, je pense. Après le décès de sa sœur, il a abusé…

Je ne sais pas s'il y a eu abus physique de la part de mon Démon et de celle de Satan, c'est une angoisse que je laisserais enterrée.

J'ai réussi à faire ma vie avec mon homme, avoir des enfants, les élever comme il faut et leur apprendre le respect.

Nous sommes allés plusieurs fois dans ma ville natale. Je suis à chaque fois à l'affut et toujours hypervigilante. Je pense que je baisserai la tête si je le vois, les jambes seront en coton, au pire je m'évanouirais…

Je suis ennuyée, le grand-père de mes cousines est décédé, leur père, c'est le copain de mon démon.
Dois-je aller à l'enterrement, il va sûrement être là ?

Ce copain était présent lors de l'enterrement de mamie. Comment réagir ?

****

Laëtitia me prépare mon ordonnance pour le rendez-vous du 27 Janvier :

- S'entrainer en se visualisant sur la façon de réagir si je croise le démon :
    - Ne pas baisser le regard (un regard bref).
    - Ne pas s'arrêter, passer mon chemin.

- L'ignorer s'il cherche à parler.
  - S'il insiste lui dire : « pas maintenant ».
- Ecrire une lettre comme si c'était pour mon démon sans l'envoyer, insister sur le ressenti.
- Si je vais à l'enterrement, se concentrer sur l'objectif : Soutenir mes cousines.

.23.

J'écris ma lettre suite à la séance que je cachète sans la timbrer :

> « Je voulais te dire qu'un troisième petit garçon vient d'agrandir notre famille.
>
> Il a 2 mois ce jour, il ne connaîtra de toi que ton fantôme.
>
> Il tient sa place, fait des sourires et jase à tout va. Que du bonheur …
>
> Toi, tu ne vis ta vie qu'à travers toi,
>
> Tu construis ta vie sans nous, comme on a grandi sans toi…
>
> Comment peux-tu vivre sans regarder derrière, ton orgueil est-il aussi énorme ? N'as-tu pas cherché à comprendre pourquoi on a fermé une porte essentielle, celle du cœur ? Ne te remets-tu jamais en cause ?
>
> Pour ma part, tu n'as même pas cherché à me contacter de visu, me craindrais-tu donc tant à ce point ?
>
> Je suis quelqu'un qui peux t'ouvrir les yeux, cela doit te faire peur. Tu as peur que je te dise des vérités qui te blesseraient et que tu ne croirais très certainement pas ??
>
> Tu es quelqu'un qui devrait soigner son enfant intérieur. Ton enfance a montré des faiblesses qui t'ont mené à une vie de narcissisme, ce qui te vaut aujourd'hui de ne vivre qu'à travers toi et uniquement pour toi. Tu as vu en tes enfants des faire-valoir, en tes femmes, des trophées et des soumises…

On se construit comment nous, victimes de toi ? Victimes du Narcissique...

Voilà ce qu'on a ressenti en début de vie et d'enfant, ce qui est souligné est du Vécu et entre-parenthèse mon ressenti !

Je me suis aidée d'une description sur Internet de l'enfant d'un Pervers Narcissique :

« <u>Le narcissique ne présente son enfant aux autres qu'à travers son propre narcissisme</u>, <u>ce qui le valorise aussi.</u>

(MON DIPLOME, MA REUSSITE PROFESSIONNELLE- TES REFLEXIONS POUR TE FAIRE VALOIR « TU ES COMME MOI, TU………»)

<u>**L'extérieur ne perçoit cet enfant qu'à travers la description qu'il lui en fait, et le méconnaît. Une fois encore, nous sommes dans le domaine de l'image, de l'apparence.**</u>

(DE NOMBREUSES FOIS… ELLES SONT BELLES MES FILLES, TU EN AS ABUSE… ON A FINI PAR NE PLUS CONNAITRE LA VRAIE IMAGE DE NOUS, ON NE SAIT PLUS COMMENT SE CONSIDERER… LES GENS N'AURAIENT PAS DIT « ELLES NE SONT PAS BELLES », TU ATTENDAIS QUOI ? LE « OH OUI, ELLES SONT BELLES TES FILLES ! » …).

<u>**L'enfant expérimente la solitude qu'il y a à ne pas être reconnu et compris, à peaufiner l'image du foyer parfait, comme un accessoire dernier cri qu'il est de bon ton d'afficher**</u>

(COMBIEN DE FOIS ON A SOURI A TES PROPOS POUR NE PAS TE CONTREDIRE !!!!).

L'affirmation de soi est également très délicate pour l'enfant : n'ayant pas de place réelle, il a beaucoup de mal à se manifester autrement qu'à travers ce qu'il a compris de ce qu'il devait être. Il ne réclame jamais grand-chose, n'est quasiment jamais demandeur. <u>Il sait qu'il doit se glisser dans le costume tristement étroit qu'on a confectionné pour lui.</u> Il n'y a pas d'espace pour la contestation, qui serait immédiatement étouffée et violemment réprimée

(MON CARACTERE ET MA REPARTIE M'ONT VALU DES REPROCHES ET DES REACTIONS FORTES DE TA PART…).

<u>L'enfant perçoit très tôt</u>, l'intolérance de son parent à toute forme de différence à tout ce qui ne lui ressemble pas. La singularité est taboue

(TES REGARDS ME GLACENT ENCORE LE DOS, TU AS ESSAYE DE ME MODELER MAIS JE NE VOULAIS PAS…)

La discrète mais réelle dictature ambiante ne laisse évidemment pas de place à la discussion, à l'échange de points de vue différents, puisque rien ne doit risquer de menacer l'ordre établi et le sentiment de toute puissance que le narcissique défend envers et contre tout

(COMBIEN DE FOIS NOUS NOUS SOMMES TUES POUR NE PAS TE CONTREDIRE SINON ON N'AVAIT DROIT AUX REFLEXIONS ET BRIMADES).

L'enfant sait que c'est ailleurs qu'il pourra vivre libre, qu'il doit pour l'instant se taire s'il ne veut pas être rejeté où risquer de confronter son parent à son propre néant. Il ne s'oppose pas de front au narcissique, il se réfugie souvent dans le silence ce qui lui vaut alors d'être défini comme un enfant sage et bien élevé, un enfant modèle qui vient redorer bien malgré lui le blason du narcissisme du parent, qui, incapable de la moindre empathie, à aucun moment ne réalise l'artificiel de cette attitude.

(ON M'A CONSIDEREE COMME UNE TOMBE QUI SE TAISAIT ET QUI NE MONTRAIT PAS SES SENTIMENTS)

Ce silence imposé verrouille chez l'enfant toute verbalisation des sentiments et des affects

(JE VIS ENCORE AVEC CA,....MAIS J'AVANCE, MON MARI J'ARRIVERAI A TE DIRE JE T'AIME, J'Y TRAVAILLE ENCORE et ENCORE……………………………………………)

Le fardeau que supporte l'enfant du narcissique a un impact sur ses relations avec le monde extérieur.

Sur le plan relationnel, l'enfant dans sa famille témoigne d'une raideur forte vis-à-vis du contact physique.

(ON A LE DERME QUI S'HERISSE, ON EVITE LES BISOUS, LES EMBRASSADES…)

Les rares étreintes avec le parent ne sont pas chaleureuses, comme si l'enfant se préservait de manière inconsciente, d'une dangereuse contamination. Au quotidien, ce contact physique se réduit au strict minimum, comme s'il fallait mettre le plus de distance entre la vie et la mort. Il faut dire que le parent narcissique n'est pas lui non plus enclin au contact physique

(TES ETREINTES AIMANTES SONT DES PRISONS, LA PRESSION EST FORTE ET ETTOUFANTE… JE RESSENS DES

PICOTEMENTS COMME SI TU ME CONTAMINAIS... JE VEUX FUIR....)

Plus âgé, l'enfant « sait » qu'il est un rescapé, qu'il est passé à côté de ce qui aurait pu l'enterrer vivant, le rendre taciturne ou pire. C'est pourquoi il a parfois la rage de vivre chevillée à l'âme

(OH QUE OUI, JE VEUX EXISTER SEULE ET MONTRER DE QUOI JE SUIS CAPABLE),

La rage d'exister, de dire, de se dire, et surtout de partager, de transmettre

(JE SUIS DEVENUE EXTRAVERTIE ENVERS LE MONDE QUI M'ENTOURE, PLUS DE FAUX SEMBLANTS, JE DONNE DE MA « VOIX », JE VEUX TRANSMETTRE MES EXPERIENCES, PERSONNE NE DOIT REVIVRE CE SCHEMA)

Dans ce duel ultra sophistiqué, le narcissique n'est pas parvenu à mettre la voix de son enfant en échec, ni sa richesse, ni sa chaleur.

(DE PAR L'EXPERIENCE DE MES BLESSURES, MON HYPERSENSIBILITE, J'ATTIRE LES PERSONNES QUI ONT BESOIN DE SOUTIEN, JE LES ECOUTE, J'AI BESOIN D'AIDER...)

L'immense solitude dans laquelle il l'aura fait vivre pendant des années aura fait naître un sentiment de force et d'indépendance, même s'il met du temps à se révéler

(OHHH, COMME C'EST MOI).

Il a grandi seul, est devenu fort et avide de liberté, lui qui a connu la prison

(ENCORE MOI)

Il saura jouir de la vie d'une manière qui déplaira certainement à son parent, confronté à son propre vide et à son affligeante inconsistance. Tel est le destin d'un enfant parvenu à faire de sa souffrance l'œuvre d'art de sa vie.

(OUI, C'EST MA VIE…….)

Aujourd'hui, ton fantôme persiste en nous et tes petits-enfants.

Comment dit-on à ses enfants que l'égoïsme de ce papy le rend absent ? Que le père Noel n'y passe pas et qu'aux anniversaires, ils sont oubliés ?

On peut avoir un souci avec ses enfants devenus adultes mais oser faire du mal à ses petits-enfants…………

Soit : Fait de ton destin, un retour, mais en te remettant en cause et en analysant ton enfant intérieur par une thérapie ou disparaît à jamais.

Fin de mon courrier

.24.

Le 27 Janvier 2012.

Je ne suis pas allée à l'enterrement, pas le courage peut-être, je ne sais pas. C'est la peur, peur de le croiser, de ne pas réussir à tenir.

Ma mère et mes sœurs y sont allées, mon démon était absent. Toujours son égoïsme à toute épreuve, il est parti faire du ski.

Il n'accompagne pas son ami qui vient de perdre son père, lui qui était là pour le décès de ma mamie. Je suis sûre qu'il lui en aurait voulu si, à l'inverse il n'était pas venu pour sa mère.

Cela me dépasse, c'est impressionnant de ne pas avoir de compassion, d'être vide de sentiment.

Il ne se rend pas, ou ne veut pas s'en rendre compte ! C'est fou !

Nous avons relu la lettre que j'ai écrite, avec Laëtitia. Elle est dans l'enveloppe et ne sera jamais envoyée.

****

Je suis toujours à m'occuper de mon ménage, je m'impose un rythme à la maison car j'ai du mal à ne rien faire. Je ne peux concevoir de rester chez moi et d'avoir une maison désordonnée.

J'ai peur que les gens qui viennent chez moi par surprise aient une mauvaise image de ma maison et, à fortiori, de moi. Il faut qu'elle respire le propre, il ne faut pas qu'elle sente la litière, qu'il y ait du bazar partout !

Je me dois encore d'être parfaite pour ne pas déplaire à autrui !

Je ne me sens pourtant pas hyper maniaque, je ne suis pas remplie de T.O.C., mais j'ai besoin de me rassurer et le ménage… me défoule.

Elle me donne des exercices pour travailler sur tout cela, nous espaçons les séances, elle me dit qu'il faut qu'on essaie de moins se voir.

Le prochain est dans 2 mois, le 6 Avril :

- Penser au fait que mon démon ne se rend pas compte des choses et que c'est lui qui est malheureux.
- Eviter de se mettre à sa place, vous êtes trop différents.
- Si possible, relire ma lettre une fois par jour.
- Pour ma maison, essayer de tolérer quelques saletés, dans un premier temps dans des endroits pas trop visibles.
- Se prévoir 5 ou 6 activités maximum par jour et arrêter de s'en imposer des dizaines.

.25.

Le 6 Avril 2012

« Laëtitia, j'ai envoyé un mail à mon démon pour lui dire que j'avais eu un autre petit garçon, il m'a fallu attendre 6 mois pour le faire ».

Un message simple écrit comme suit : « Juste pour te prévenir qu'il y a 6 mois, un petit garçon est venu agrandir notre famille. »

Pas besoin de m'étaler…

Je n'attendais rien de sa part, je me sentais le devoir de le prévenir. Filiation, quand tu nous tiens !!!

« Laëtitia, il m'a appelé un soir, nous étions à table, mon cœur a fait un bond, j'ai pris une grande inspiration et j'ai décroché ! »

Je suis restée calme. Il m'a félicité pour la naissance et m'a demandé à ce que je lui envoie une photo de mes garçons. Je dois y réfléchir…

Je ne ressens pas en lui une once de culpabilité.

Il me demande pourquoi nous avons coupé les ponts.

Je reste toujours sur le même ton, je lui explique qu'il est narcissique, qu'il ne pense qu'à lui.

Il me répond que Non, bien sûr. Je sens à sa voix que je l'agace, mais je continue.

Je lui dis qu'il est un fantôme pour mes enfants, mon aîné m'a même demandé s'il n'était pas mort.

Je lui dis ce que j'ai sur le cœur, c'est MON moment et c'est plus facile sans l'avoir en face.

Je lui dis que si mes enfants me fermaient la porte suite à des querelles, j'irai me détruire les ongles à gratter à leur porte pour comprendre. Je chercherai à me remettre en cause, à voir comment on peut arranger nos conflits.

Il écoute, je l'entends respirer nerveusement et il me dit :
« Tu sais, je ne suis pas comme tu me décris, je ne pense pas qu'à moi ».

Je lui donne des détails de ma vie d'enfance. Pour lui, il n'a rien fait, il ne voit pas les déchirements et les dégâts qu'il a occasionnés.

Je dois avoir trop parlé !

Il me dit : « Tu sais j'ai failli mourir ! ».

Non, pensais-je, je ne veux pas t'écouter, tu veux me faire culpabiliser ?
C'est terminé ce jeu. Tu n'es pas mort, je t'ai au téléphone.

Mes enfants ont vu la mort, j'ai vu la mort d'un monsieur que j'avais côtoyé quelques heures avant.

Chut ! Sais-tu de quoi tu parles ?

Il veut parler de lui, c'est son moment, il me dit qu'il est à la retraite et qu'il est seul. Je lui réponds que ce n'est pas de notre faute.

Il n'arrête plus, il ne parle que de lui, je lui dis :
« Tu vois, tu ne reparles que de toi, tu ne m'écoutes plus.
C'est ça TON problème, tu veux toujours être au-devant de la scène ».

Il finit par me demander ce qu'il doit faire. Je lui dis de soigner son enfant intérieur, d'aller voir un thérapeute pour que le petit garçon qui sommeille en lui, guérisse.
Il me répond qu'il n'en a pas besoin.

S'il veut que j'ouvre d'un millimètre ma porte, il faut qu'il commence à penser à mes enfants et leur envoyer une carte, dans un premier temps, pour leurs anniversaires.

Je lui donne une ouverture mais le croiser en vrai, reste impossible pour le moment.

Je raccroche, j'ai le sourire. Mon mari me serre dans ses bras, je n'ai pas craqué, je suis restée calme, j'ai presque gagné.

Laëtitia est fière de moi.

Je lui demande aussi au cours de ma séance comment je peux travailler ma relation avec mon mari pour être plus près de lui.

C'est dur d'avoir l'impression d'être un humain dénué de sentiment, de ne jamais oser dire ce que je ressens.

Depuis tant d'année, j'ai trop contrôlé mes émotions, il me semble que je suis prête maintenant, à lui dire: « je t'aime ».

Laëtitia me donne mes derniers exercices en me disant que je dois faire mon chemin. Elle attend son troisième enfant et elle va prendre son congé maternité.

« Laëtitia, croyez-vous réellement que je suis prête ? »

J'ai peur… je dois affronter seule la réalité sans elle…

Elle m'a donné pleins de clés, pleins d'astuces… je sais… je dois essayer d'avancer par moi-même !

Gentiment, elle m'informe qu'elle ne me ferme pas la porte et que si j'en éprouve le besoin, je peux l'appeler car elle m'a transmis son numéro de téléphone portable.

Mes dernières consignes :

- Tous les jours, faire quelque chose qui va contre l'idée d'être une mauvaise maman…
- Faire des petits câlins avec mon mari, être dans ses bras, rechercher les petits plaisirs, se toucher, …
    - Se concentrer sur MON plaisir, pas celui qu'attend l'autre.
- Se reposer.

****

Cela m'interpelle, comment peut-on devenir un pervers narcissique, il doit bien avoir des raisons ?

Je recherche sur Internet, beaucoup de sites parlent de l'adulte et peu de l'enfant qui en est victime.

Je cite :

« Le pervers narcissique est avant tout une personne en souffrance, qui se nourrit de l'autre pour se sentir mieux. Les causes de cette souffrance relèvent d'une faille narcissique, dont l'origine remonte le plus souvent à l'enfance.

C'est à cette période-là que se forge, habituellement, la personnalité et la confiance en soi grâce aux repères donnés par l'entourage proche.

La cause du comportement pervers narcissique est le plus souvent un manque d'affection dans son enfance, qui l'a incité à développer des outils de survie affective. Parmi ces outils, il y a la séduction, que le pervers narcissique a appris à utiliser en permanence au service de son ego fragilisé.

Contrairement à un individu sain qui apprécie séduire, le pervers narcissique a « besoin » de séduire. Cela afin de se valoriser à ses yeux, mais surtout aux yeux des autres. Dans le but, à l'âge adulte, d'atteindre ses ambitions aussi bien affectives que professionnelles. C'est ainsi que le pervers narcissique utilise l'autre comme un moyen d'atteindre le succès ou de protéger son égo, aussi fragile qu'il est démesuré. »

Je lui ai dit de soigner son enfant intérieur… j'étais sur la bonne piste !!

Il faut juste qu'il le comprenne mais ce genre d'individu est dans le déni…

.26.

Me voilà partie pour 2 ans sans rendez-vous, je construis ma vie.

J'utilise souvent les exercices, je reprends mes ordonnances de bons conseils.

Je continue d'écrire par moment, des instants de ma vie.

Je ne veux plus le voir, par contre, je lui ai suggéré de montrer à mes enfants qu'il pouvait être présent par des messages.

Cela peut être un début afin qu'il puisse, éventuellement, refaire partie de notre vie.

Il a essayé… mais il ne m'a pas convaincue.

J'ai écrit, le 21 Juin 2012, sur mon ordinateur ce que je ressentais.

Encore un courrier jamais envoyé :

« Comment pouvons-nous espérer que tu comprennes tes actes ?

Tu m'envoies une carte virtuelle pour mon anniversaire le 18 juin alors que ça fait 37 ans que je suis née le 19 !

As-tu oublié la date où j'ai vu le jour. Je suis triste, c'est blessant !

Ce que j'attendais avant tout de toi, et là, tu aurais touché mon cœur de maman, c'était une carte d'anniversaire pour mon grand garçon qui est né le 13 Juin….
Rien ! pas même une carte virtuelle, même envoyée le mauvais jour.
Il a dix ans, c'est sa première dizaine !

Je dis quoi à mon fils, ton grand-père t'a oublié, encore une fois !!!!!!!

Et merde, ras le bol de ce mépris.

Faut laisser tomber ???

Et dois-je aussi dire que dans un mail, tu t'es trompé de prénom sur mon petit dernier.

Mon cœur de maman saigne.

On choisit un prénom à un enfant, c'est son identité. Tu ne pouvais pas faire l'effort de te rappeler quand même de ce « petit » nom de baptême, « grand » de 4 lettres !

C'est désolant, il faut vraiment fermer la porte… il ne grandira pas… il est malade… il n'a pas compris l'importance des mots qui font que cela s'exprime en maux …

La perversité dont fait preuve mon Démon est imprégnée, autant dans ses gestes que dans son esprit.

Il nous a fait subir ses comportements irrationnels, dans notre vie de tous les jours, pendant longtemps… trop longtemps.

Il faut arrêter ! Il faut redorer cette étiquette de « mauvaise fille » qu'il nous a collée sur le dos et qui nous a tant déstabilisées.

Nous sommes des victimes !

Il voulait nous pousser insidieusement à être moulées à son image, c'est terminé.

J'ai compris, je suis une victime, c'est mon statut !

Je ferme, définitivement, ma porte et mon cœur pour me protéger de cet être malfaisant.

****

Je vais avoir encore besoin de vous Laëtitia !

J'ai grandi, la petite fille intérieure aussi, mais certaines étapes de la vie, vous rendent fragile…

.27.

Je suis une maman de 3 garçons, une femme qui s'accomplit au mieux mais je panique quand certains événements me dépassent.
J'en ai marre… tout prend une proportion gigantesque.
Je ne me sens vraiment pas bien en ce moment.

A l'aide !!!

Laëtitia, voulez-vous encore de moi pour quelques temps ?
J'ai à nouveau besoin de vos clés miraculeuses.

Exerce-t-elle toujours ?

Allez, je l'appelle.

Après quelques sonneries, elle me répond.
Ouf, quel soulagement !

Nous fixons un rendez-vous pour le 16 Avril 2014.

Presque 2 ans, jour pour jour, se sont écoulés entre mon dernier rendez-vous et celui-ci.
La vie est cyclique…

****

Depuis début Janvier, j'ai retrouvé un poste de comptable, après mon congé parental.

J'ai décidé de ne prendre que des Contrats à Durée Déterminée.
Je m'investis pour quelques mois, pas de corde au cou.

Je garde la liberté de pouvoir dire non si cela ne me convient pas, autant dans les liens humains qu'au travail

C'est un besoin « alimentaire », plus qu'un besoin d'attendre de la reconnaissance car c'est de l'illusion.

Le monde du travail est un monde à part ! Je ne souhaite plus dépendre pour le moment d'un patron, ou d'un démon…

.28.

Le 16 Avril 2014, je retrouve la même salle d'attente, rien n'a changé. Je m'assois sur la même chaise, quelle drôle d'impression.

J'éprouve, sur le moment un sentiment d'échec mais il disparaît vite. Je ne viens pas pour la même chose.

Je me suis fait peur il y a deux mois, j'ai besoin d'aide pour cela.

J'attends. J'entends son pas dans le couloir, elle dit au revoir à son précédent patient.

La porte de la salle d'attente s'ouvre, elle n'a pas changé, juste coupé ses cheveux. Nous nous installons dans son bureau.

Nous allons faire un bilan des deux années passées et faire le point sur ce qu'elle peut m'apporter désormais.

Je lui exprime la raison de ma visite

« J'ai repris le travail depuis 4 mois, financièrement il le fallait. On me faisait des réflexions sur le fait que je reste à la maison.

J'ai trouvé un poste de comptable à 35 minutes de mon domicile, c'est un travail que je sais faire !

J'ai du mal à trouver ma place au sein de l'entreprise, je reprends tout juste et mon métier ne me satisfait plus.

J'aimerais créer mon entreprise et j'ai entrepris des recherches pendant mon congé parental.

J'aimerais me consacrer aux séniors dans leur recherche d'emploi.

Actuellement, la conclusion de mes démarches est que financièrement c'est très compliqué. Cela me demandera trop d'investissement de temps et avec mes 3 enfants, ce n'est pas simple».

J'explique, également, que j'ai peur d'avoir un accident. J'ai une appréhension qui me prend au ventre.

Je finis par lui parler de mon gros problème qui me paralyse aujourd'hui, il m'est arrivé quelque chose de choquant !

Je commence mon histoire :

« Je pars au travail, je ne suis pas bien réveillée car je sors d'un cauchemar.

Je ne dors pas beaucoup en ce moment, à peine cinq heures par nuit. Je cauchemarde énormément

J'arrive sur mon lieu de travail.

Une très mauvaise sensation m'envahit, j'ai cru que j'allais mourir. Je ne savais plus qui j'étais… je ne savais plus comment parler… je ne savais plus comment travailler… je ne me rappelais plus le prénom de mes collègues.

Je croyais que j'allais faire un malaise.

J'ai mal au ventre, je suis en panique totale. Je n'arrive pas à me concentrer.

Je retourne chez moi tant bien que mal et je prends rendez-vous chez mon médecin.

Il me dit que j'ai fait une attaque panique. Il me donne de l'arrêt que je ne prends pas et des anxiolytiques que je prends mais divisé en 2. »

Laëtitia me parle d'un Burn out.

Le Burn out, c'est brûler de l'intérieur, se consumer, c'est la sensation que je ressens. C'est vrai que quand je m'investis dans mon travail, je me donne toujours à fond.

Je suis aussi sur une autre problématique, je m'en veux de laisser mes enfants à la périscolaire.

Je lui dis que depuis ma panique, j'ai peur de tout.

On fait le point sur mes émotions :

- Je suis anxieuse, j'ai une boule dans la gorge, j'ai froid, j'ai la respiration coupée, j'ai un blocage thoracique.

Egalement sur mes pensées :

- J'ai peur que ma panique recommence quand je prends le volant, peur des absences de mémoire, j'ai l'impression d'être comme un somnambule. J'ai peur de devenir folle, j'ai même pensé avoir une tumeur.
- Je me dis toujours, il ne faut pas que cela se réitère.

Je crains de conduire car s'il m'arrive quelque chose, qui va s'occuper des enfants ?

J'ai l'impression qu'on va me percuter quand je croise quelqu'un. J'ai peur de prendre les bas-côtés, j'ai peur de perdre le contrôle, j'ai peur des gens… en conclusion : j'ai peur de tout !!!!

J'ai l'impression de ne plus être moi depuis cette panique.

On fait aussi le tour de mes comportements :

- Je me crispe sur le volant, je freine, je me décale vers le milieu si je n'ai personne en face. J'appelle quelqu'un au téléphone pour me rassurer, je mets la radio.
- J'ai appelé une fois la périscolaire pour savoir si mon garçon était bien arrivé, (je ne me fais plus confiance). Quand je laisse mes enfants à l'école, péri, nounou, je me refais le film de chaque étape, je m'autopersuade que tout va bien mais sans pour autant être tranquille.

Je suis toujours vigilante pour tout, aux aguets, je m'inquiète pour beaucoup de choses.

Je rencontre un problème dans ce nouveau travail, mon chef de service me rabaisse, il me fait pleurer.

Je me défends mais le souci majeur de cet homme est que je trouve qu'il a le même regard que mon Démon.

Je pense que je suis en face d'un pervers narcissique, ce que m'a conforté ma collègue en me racontant certains faits sur ce personnage.

Je me sens usée, je me demande comment je vais réussir à gérer tout ça. Je suis un peu perdue.

Si je ne dors pas assez la nuit, j'ai peur de refaire une attaque panique, je compte les heures de sommeil qui me restent.

Je bois des cafés pour ne pas m'endormir la journée, pour gérer les paniques.

Laëtitia me montre le schéma des attaques paniques et me dit que je souffre en ce moment de T.A.G.

Le TAG : c'est un Trouble d'Anxiété Généralisée, la personne en souffre si elle vit l'une ou l'autre des situations suivantes :

- *Elle ressent beaucoup trop d'anxiété par rapport à l'importance des événements en cause, c'est-à-dire que ses inquiétudes sont excessives et difficiles à contrôler. Par exemple, une personne pourrait craindre que ses enfants aient un accident de la route chaque fois qu'ils se rendent à l'école.*

- *Elle ressent beaucoup d'anxiété à cause de ses responsabilités professionnelles, financières et familiales, sans arriver à s'en détacher pour se détendre un instant.*

Le trouble d'anxiété généralisée a des effets importants sur le fonctionnement de la personne dans sa vie de tous les jours. Il affecte ses relations et ses activités familiales, sociales et professionnelles.

Le trouble d'anxiété généralisée fait partie de la grande famille des troubles anxieux.

L'Attaque panique (A.P.) : C'est une crise durant environ 10 à 30 minutes qui se traduit par une peur intense, une sensation de malaise, avec la nette impression que sa dernière heure est arrivée. Il n'est pas rare que les secours d'urgence soient appelés en renfort !

Les troubles ressentis au cours d'une attaque de panique, sont liés au fait que la personne hyper ventile, c'est-à-dire qu'elle respire trop vite et trop superficiellement.

Par la suite, la peur d'avoir peur aggrave le problème et bien souvent, une première attaque de panique en amène une autre, au point que certains finissent par réorganiser leur vie en évitant de se retrouver dans toute situation qu'ils jugent à risque :

- *fréquenter les magasins, aller en terrain inconnu, bref, sortir de chez soi.*

On parle alors d'agoraphobie (peur de faire un malaise dans les grands espaces et les lieux publics) qui est la première grande complication des attaques de panique. La dépression en est une autre.

Elle me refait le schéma qu'elle m'avait montré en 2010 avec mon état actuel :

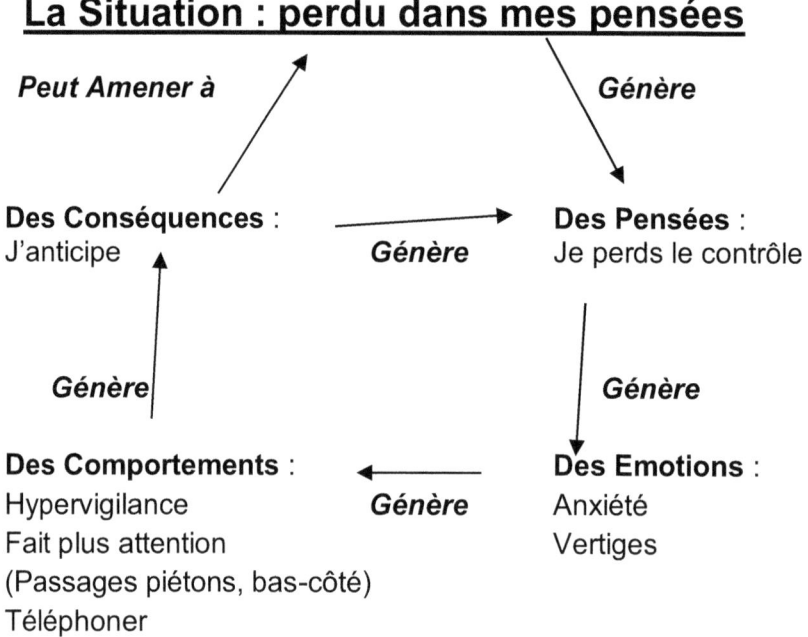

Elle me demande à la fin de cet entretien, mes objectifs.

Je lui en donne 3 :

- Etre plus sereine.
- Contrôler mes paniques.
- Ne plus redouter.

Nous reprenons le cycle des ordonnances et des exercices, le fait de pouvoir lui parler m'a réellement soulagée.

Mes exercices pour la prochaine séance :

- Dès que les premiers symptômes de panique arrivent :
    o Faire la respiration ventrale, on gonfle le ventre en inspirant 4 secondes, on bloque 2 secondes, on dégonfle en expirant 5 secondes.
    o Bien expirer, souffler.

- Tous les jours de retour du travail, prendre 5 à 10 minutes pour faire des mots croisés, se détendre, faire des choses qui me plaisent. Expliquer aux enfants que ce sera mon moment à moi. Ne pas me déranger.

Prochain rendez-vous le 24 Avril, j'ai des questionnaires à remplir pour la séance prochaine.

.29.

Je remplis mes questionnaires, il y en a plusieurs :

- Le premier <u>donne le degré de peur</u> que certaines sensations me procurent, il est noté de 1 à 5 :
Cette sensation ;
    - 1 - ne m'effraie pas
    - 2 - m'effraie un peu
    - 3 - m'effraie moyennement
    - 4 - m'effraie beaucoup
    - 5 - m'effraie énormément

  - J'en relève 2 au niveau 5 : crainte d'avoir des vertiges, se sentir désorientée ou confuse et se sentir déconnectée, détachée de son corps, être à moitié là.
  - Plusieurs au niveau 4 : les engourdissements dans les membres, les nausées, la transpiration, les jambes molles.

Les 3 sensations que je ressens le plus souvent sont : les vertiges, la désorientation et la boule dans la gorge

Les 3 sensations qui me font le plus peur sont : les vertiges, d'être à moitié là et d'être déconnectée.

- Le deuxième questionnaire <u>donne le degré des pensées irréalistes dans une situation anxiogène</u>, il est noté aussi de 1 à 5 :
Cette idée :
    - 1 - n'apparaît pas

- o   2 - apparaît rarement
- o   3 –apparaît parfois
- o   4 - apparaît fréquemment
- o   5 - apparaît toujours

- J'en ai 2 au niveau 5 comme : je vais devenir folle, je vais m'évanouir.
- Plusieurs au niveau 4 : je vais mourir, je dois avoir une tumeur cérébrale, je vais suffoquer, je vais blesser quelqu'un, je vais être paralysée par la peur

Les 3 pensées qui déclenchent la plus grande peur sont : de m'évanouir, de devenir folle et de blesser quelqu'un.

- Le troisième questionnaire est un repérage de signaux ou comportements sécurisants.
  J'en énumère plusieurs :
    - Il y a en premier lieu mon compagnon,
    - Plus terre à terre, les médicaments que je prends,
    - Mon téléphone portable.
    - Je me mets en tête les solutions en cas de difficultés :
      - o   Je conduis la radio allumée,
      - o   Je me distrais,
      - o   Je prends des respirations profondes.

- Le quatrième est un questionnaire sur les évitements :
    - Quels sont les lieux que j'évite. Il y en a plusieurs à différents niveaux : comme les magasins bondés, l'ascenseur, les espaces clos, attendre dans une file. Et aussi, éviter de traverser un pont, marcher dans la rue, ne rien faire,…

- Le cinquième, c'est le questionnaire sur les inquiétudes du Penn State : il se présente comme suit :

Il faut utiliser l'échelle ci-dessous pour exprimer jusqu'à quel point chacun des énoncés suivants vous correspond.

- o 1 – Aucune caractéristique
- o 2 – Peu caractéristique
- o 3 – Assez caractéristique
- o 4 – Très caractéristique
- o 5 - Extrêmement caractéristique

Les questions sont les suivantes :

1. Si je n'ai pas assez de temps pour tout faire, je ne m'en inquiète pas.
2. Mes inquiétudes me submergent.
3. Je n'ai pas tendance à m'inquiéter à propos des choses.
4. Plusieurs situations m'amènent à m'inquiéter.
5. Je sais que je ne devrais pas m'inquiéter, mais je n'y peux rien.
6. Quand je suis sous pression, je m'inquiète beaucoup.
7. Je m'inquiète continuellement à propos de tout.
8. Il m'est facile de me débarrasser de pensées inquiétantes.
9. Aussitôt que j'ai fini une tâche, je commence immédiatement à m'inquiéter au sujet de toutes les autres choses que j'ai encore à faire.
10. Je ne m'inquiète jamais.
11. Quand je ne peux plus rien faire au sujet d'un souci, je ne m'en inquiète plus.
12. J'ai été un inquiet tout au long de ma vie.
13. Je remarque que je m'inquiète pour certains sujets.

14. Quand je commence à m'inquiéter, je ne peux plus m'arrêter.
15. Je m'inquiète tout le temps.
16. Je m'inquiète au sujet de mes projets jusqu'à ce qu'ils soient terminés.

Le score est le suivant :   Inférieur à 55 Score normal

Supérieur à 55 T.A.G.

Pour mon cas, je suis à 89 !

Oups, je suis obligée de constater que je suis une anxieuse et que j'ai des troubles à corriger.

De remplir les questionnaires permet déjà de prendre conscience des manies prises, des soucis à régler, c'est un premier pas.

Le fait de cocher les croix sur les raisons qui font apparaître mes troubles et les caractéristiques de mes perceptions, inscrites noir sur blanc sur un papier, mettent en évidence ce qu'il y a à soigner et à améliorer.

.30.

Le 24 Avril 2014, je lui fournis mes questionnaires. Nous en discutons, elle me confirme mon résultat. J'ai bien vécu une attaque panique et j'ai des Troubles d'Angoisse Généralisés.

Pendant le rendez-vous, je lui exprime le fait que j'évite d'analyser mes rêves le matin, c'est ce qui m'avait valu ma terrible angoisse.

Pour me rassurer, je préfère ignorer mes rêves.

Je me rends au travail en acceptant de rouler en conduite automatique, c'est-à-dire que mes pensées ont le droit de divaguer.

J'accepte que le flot de mes pensées viennent sur la route.

J'ai encore du mal à me faire confiance, j'ai toujours peur de tomber inconsciente, pourtant je n'ai jamais fait de malaise.

Je lui dis encore que la porte de la salle de bain, W.C., chambre à toujours du mal à être fermée.

Nous allons mettre en place un exercice sur l'hyperventilation pour comprendre le processus du malaise.

Elle me sort un document avec en titre :

Retrouver les sensations de panique

Avec le travail sur l'hyperventilation et sur nos pensées, nous avons appris que la réaction de peur reposait sur trois éléments clés : les pensées, les émotions et les comportements. Nous allons travailler maintenant sur les émotions pour apprendre à mieux les contrôler.

Comme vous l'avez probablement noté, l'on ressent plus particulièrement certains symptômes et pas tous les symptômes de la lignée anxieuse et l'on peut être effrayé par certains d'entre eux.

Dans cette partie du travail, nous allons vous demander de rechercher ces symptômes physiques vécus comme particulièrement désagréables.

Il s'agit de s'habituer à ces sensations internes comme on s'habitue aux situations externes vécues douloureusement par des expositions graduelles.

Rappelons que la réduction de la peur n'intervient que par confrontation répétée aux éléments qui le font. Il est donc important de faire face à la peur et de s'y confronter progressivement même si l'idée même en est déplaisante.

En effet, de nombreuses situations de la vie de tous les jours peuvent causer des émotions proches d'une attaque panique comme pour un match très disputé de tennis ou de football, faire une course ou monter en courant un escalier durant une journée humide d'été.

Ces situations pourraient, en effet, vous donner des sensations de gêne respiratoire, de transpiration, de tachycardies, voire de vertiges. Il s'agit de réactions normales au stress physique et ne devraient pas déclencher de panique.

D'ailleurs, la plupart des personnes qui n'ont jamais présentées d'attaque de panique juge ces sensations simplement déplaisantes. Cette partie du programme a pour but de réduire, voire de faire disparaitre vos réactions négatives devant ces sensations inoffensives.

Ces exercices vont aussi diminuer votre réactivité même lorsque vous serez endormi. Une personne présentant des attaques de panique sur quatre rapporte des expériences de panique durant la nuit. Typiquement, cela survient durant la première partie de la nuit et apparaît comme le résultat d'une hypersensibilité aux changements physiques normaux qui surviennent durant le sommeil.

En vous exposant aux sensations durant la veille, vous y deviendrez moins sensibles. Vous serez moins alarmé par ces sensations le jour et la nuit ainsi une panique sera moins facile à provoquer chez vous.

 1- Retrouver les sensations

    - Faire les exercices suivants en notant trois particularités des sensations ressenties et en les notant de 0 à 10, le désagrément, le niveau d'anxiété et le niveau de similarité des sensations avec une véritable attaque panique

    - Réaliser les exercices suivants :

1- Hyperventilation. Respirez très fortement et profondément avec beaucoup de force. Avant de faire l'exercice, noter sur votre carnet les pensées que vous avez, puis notez après l'exercice la différence avec ce qui vous est réellement arrivé. Notez comme vos pensées peuvent alors changer.

2- Secouez votre tête de gauche à droite pendant environ 30 secondes

3- Placez votre tête entre vos genoux pendant environ 30 secondes et levez-vous d'un coup très rapidement

4- Montez et descendez rapidement une marche d'escalier ou à défaut une boite ou une chaise, jusqu'à ressentir une accélération de votre cœur

5- Arrêtez de respirer pendant une minute.

6- Contractez vos muscles pendant 1 minute, contractez toutes les parties de votre corps sans vous causer de douleur. Contractez votre visage, vos bras, vos jambes, votre ventre… alternativement.

7- Tournez sur une chaise qui tourne sur elle-même pendant 30 secondes, ou tournez sur vous-même.

8- Respirez à travers une paille sans utiliser votre nez.

On peut en inventer d'autres, si peur des distorsions visuelles, regarder une ampoule pendant 30 secondes et regarder un mur blanc, si peur des sensations au niveau de la gorge, appuyez fort sur chaque côté de la gorge ou bien se mettre dans une pièce surchauffée et humide pendant 5 minutes,…

Faire son tableau des sensations de panique :

Exercices Possibles	Désagré ment De 0 à 10	Peur, Anxiété De 0 à 10	Similitude à la panique De 0 à 10	Sensations retrouvées
Hyperventilation	5	5	8	Yeux qui vrillent, oppression, vertiges
Secouer la tête	5	2	2	Cou qui grince, yeux qui partent
Tête entre les genoux	5	3	6	Vertiges
Tourner sur soi	10	10	10	Vertiges, peur de tomber
Respirer avec une paille	6	3	6	Oppression

Tenir son carnet de sensation, c'est apprendre à vivre avec, essayer, c'est comprendre nos ressentis.

Je ressors avec les exercices pour le 21 mai :

- Réessayer de mettre des temps de pause à mon domicile, mes 5 minutes à moi !
- Remplir le tableau des émotions en dissociant les exercices.

- Fermer plus souvent la porte de la salle de bain.
    o   Se confronter à un peu d'humidité, manquer d'air
- Supporter (un peu) des émotions (sensations difficiles).

.31.

Le 21 Mai 2014, je reviens de quelques jours de vacances.

Mon mari avait sa semaine complète et moi je ne travaillais que 3 jours sur la semaine.

Changement dans mes habitudes, je ne faisais pas plus de kilomètres mais cette route inhabituelle me perturbait.

J'ai réussi à lâcher un peu prise mais j'appréhendais la route car j'avais peur de faire une attaque panique s'il survenait un incident.

En chemin, je me suis grondée :
« Arrête de te torturer, tu verras bien !»

Rien n'est arrivé, je me suis même permise de me mettre en pilote automatique et de suivre le cours de mes pensées.

Mon chef comptable est toujours un demi- démon. Mais je lui tiens tête, je ne baisse pas les yeux. Il veut me faire douter. Il aime me critiquer, mais dans le travail je sais ce que je vaux.

Il aime manipuler les femmes…

Monsieur le chef, j'ai appris à gérer un Démon, vous n'êtes pas à la hauteur, vous n'êtes qu'un demi.

J'ai fait plusieurs exercices et consigné dans mon tableau mes ressentis.

J'ai joué avec mes enfants à virevolter et le tournis a été contrecarré par le fait de tourner dans l'autre sens. J'ai battu mon malaise.

Si je ressens un vertige, je prends du sucre.

La séance est rapide, mon subconscient commence à travailler.

Elle me donne mes devoirs pour le 21 Juin :

- Si vous appréhendez que vous vous posez des questions, continuez à dire « on verra bien ! ».

- Exercices des ressentis à répéter :
    - Mettre la tête entre les genoux et la lever d'un coup (jusqu'à ce qu'il n'y ait plus d'anxiété)
    - Dans 8-10 jours, tourner la tête de gauche à droite 10-15 secondes.
- En cas de critique de votre chef,
    - Faire un sourire un peu moqueur.
    - Faire préciser les faits, renvoyer la balle (ne pas se justifier).
    - Lui dire « ah bon, je fais beaucoup d'erreurs ? »

.32.

Le 21 Juin 2014 : « Laëtitia je pense que je suis repartie sur la bonne pente.

Je me fais moins peur.

Le 8 août, je finis ma mission Intérim. Je me suis encore fait malmener par mon chef, pourtant ma collègue est partie en congé et j'ai dû remplacer, avec succès, deux postes !

Il m'a convoqué et il a critiqué mon travail tout en haussant la voix. En le regardant droit dans les yeux, je lui ai répondu très calmement :
« Je pense que je prends pour tout le monde ! ».

Il m'a regardé étonné et gêné et contre toute attente, il s'est excusé.

J'esquissais un petit sourire moqueur et vainqueur. J'ai été plus forte que le demi-Démon !

Le calme et la vérité des faits ont été mes armes face à ce monsieur.

J'ai effectué beaucoup d'heures sans prendre de temps pour moi.

On attend toujours un peu de reconnaissance pour le travail accompli, mais je crois qu'il faut se faire une raison. Les responsables peinent à vous féliciter.

Je grandis encore, quand j'ai la tête qui tourne je gère mes ressentis. Je n'ai plus peur de retomber en attaque panique.

J'ai juste peur du contrecoup du chômage et de ne plus être occupée.

Mon petit dernier va entrer à l'école maternelle, plus personne à la maison…

Nous nous revoyons le 15 Septembre, nous recommençons à distancer nos séances, elle trouve que je gère plutôt bien.

C'est vrai que je suis friande de ses conseils. Des exercices sur le moment qui semblent anodins mais qui dans mon cerveau font des merveilles.

Quelques exercices pour les congés :

- Essayer de créer un petit décalage dans ce que j'accomplis à la maison. Faire un petit jeu (Smartphone, mots croisés) avant de faire mes obligations.
- Continuer de se dire que c'est normal si j'ai un symptôme ou un ressenti un peu dur à gérer.
- Repérer davantage les marques de reconnaissance de vos collègues (les répertorier)

.33.

Le 15 Septembre 2014 :

13 ans de mariage : il me supporte, il me réconforte, il m'accompagne, merci mon homme !

J'ai profité de mes congés pour refaire ma cuisine, le besoin d'être occupée peut-être. J'ai encore du mal à ne rien faire, peur du vide, je pense.

J'ai un entretien de travail demain. Je reste en veille, je prends le temps de chercher.

J'ai fait la rentrée de mes 3 enfants.

Il y a des moments où je vais bien, des moments où je me fais peur par mes ressentis, mes émotions et quand je panique, j'applique les exercices que vous m'avez donné Laëtitia.

J'arrive à faire baisser la pression.

Je me pose toujours beaucoup de questions sur mon passé, ma vie professionnelle, ma vie. C'est encore difficile de trouver des réponses.

J'anticipe toujours un peu les événements ou ce qu'il peut se passer.

Comme pour mon fils en ce moment qui n'est pas facile. Il me répond, il sait trouver le point sensible qui me fait mal.

Il a 12 ans, c'est un âge de préadolescent.

Je suis éternellement dans l'échange avec mes enfants. Je ne veux pas de conflits non résolus.

Il faut que je travaille sur le fait que je ne peux pas être la mère parfaite, je dois accepter aussi d'être… imparfaite et que mes enfants le soient aussi…

Mon Démon, je l'ai qualifié comme un père imparfait !!

Moi, aussi je dois l'être un peu, je dois juste me dire que nous ne sommes pas au même niveau de cet adjectif.

Les entretiens avec Laëtitia sont toujours pertinents. Sur le moment, les suggestions sont des paroles guérisseuses et elles font leur chemin dans mon cerveau,

Le jour, la nuit, tout se construit.

Nous positionnons une séance dans 3 mois : le 29 Décembre.

Cela laisse le temps à mes neurones de tisser les liens et de trouver la voie de la guérison.

Je dois :

- Continuer à écouter mes intérêts, mes limites.
- Etre capable de couper une activité, laisser la vaisselle pour surfer sur Internet pour trouver des loisirs créatifs.
- Quand j'anticipe mes pensées, trouver un argument qui prouve le contraire et se le répéter.
    - Peur que mon mari ne décède subitement.
        - Argument : Non, il fait attention à lui et il a une vie saine.

.34.

Le 29 Décembre 2014, j'avance dans mes peurs, dans mes sensations négatives. Je gère mieux quand je suis à la maison.

J'ai encore des sensations de peur quand je prends la route mais j'arrive à prendre sur moi.

Parfois, je me dis que je suis limite en crise de panique, que j'ai peur de ne plus savoir qui je suis. J'arrive pourtant à conduire en conduite automatique, je laisse mon imagination déborder, je n'y arrivais plus avant.

C'est une grande victoire d'être moins vigilant.

Je relativise en me disant que quand j'ai fait mon malaise, rien ne s'est passé, je suis toujours en vie… j'ai survécu.

J'ai retrouvé un travail, toujours en CDD, je ne veux pas être dans l'emprise, j'ai besoin de ma liberté.

Ce poste est dans un grand service d'une vingtaine de comptable. Du travail en binôme, c'est plutôt tranquille d'un point de vue activité.

J'ai un peu de mal à m'y faire car ils ont l'étiquette des vrais comptables fixés sur leurs chiffres… il ne faut pas parler ou plaisanter !!

D'autres salariés appellent ce service : le service funèbre… c'est dire….

Bon, c'est 6 mois et c'est bien payé !!!

Je dis à Laëtitia que je me fais des rituels pour partir la tête tranquille. Je refais le point, les enfants sont là, mon mari les a déposés ici, j'ai bien fermé la porte, j'ai mon téléphone, …

Mes cauchemars ont les mêmes rituels, je cherche le vrai du faux, je me souviens de quasiment tous mes rêves, c'est très perturbant.

Par moment, j'ai l'impression de vivre une double vie, comme dans le film « INCEPTION » avec Léonardo Di Caprio.

Quand je me lève, mon premier rituel, c'est de savoir si j'ai assez dormi !

Je parle aussi de mon mal-être profond, celui qui me traumatise de mon adolescence à l'âge d'aujourd'hui, mon image, mon corps. Je n'arrive pas à me regarder dans la glace, le visage oui, le reste non.

Quand un homme me regarde, je pense in petto : « Quoi qu'est-ce que j'ai, pourquoi il me regarde comme ça. Je suis difforme, j'ai un problème ? »

A ce moment, je m'imagine énorme avec des fesses qui dépassent la raison, un ventre qui pend, des cuisses qui se touchent…

A la maison, je suis toujours à vouloir tout gérer, tout faire, ne pas m'arrêter.

Laëtitia me dit que je compense pour ne pas penser.

En effet je comprends ce qu'elle me dit, ça me parle.

Pour avancer, il va falloir que je prenne du temps pour penser si je veux avancer.

Nous nous retrouvons dans 3 mois, le 1 Avril 2015, déjà un an de reprise de thérapie, le temps passe.

Mon ordonnance est prête :

- Continuer à laisser des détails que vous voyez (dans ma maison) à faire mais que je ne fais pas tout de suite.
- Quand vous refaites le point (le rituel) pour vous rassurer, ne pas énumérer si j'ai fermé la porte (et petit à petit ne plus inventorier)
- Apprendre à ne pas répondre à certaines questions. Mieux tolérer le doute, pour diminuer le nombre et l'intensité.
- Se regarder régulièrement en petite tenue, devant le miroir, et trouver des points positifs (être à la recherche)
- Essayer un pantalon avec plusieurs tailles au-dessus de la mienne.

.35.

Le 1 Avril 2015 : « Laëtitia j'ai fait une rechute, j'ai eu plusieurs petites attaques paniques, pas comme celle d'il y a un an mais des petites, des vertiges, des mauvaises sensations, des frissons de froid, des angoisses de la route.

Je n'aime pas ce travail, je suis avec des gens qui sont menés comme des moutons, ils sont guidés par une entreprise qui a appris à les apprivoiser, on dirait une secte avec pleins de rituels.

Je ne suis pas un mouton, j'ai assez de mes rites à travailler…

J'ai un binôme qui a compris que je travaillais, en règle générale seule, donc il me laisse son travail. J'aide même mes collègues !

Ce sont des personnes qui ne connaissent pas le travail en autonomie, ma chef me propose de prolonger mon contrat. Je sollicite un entretien.

Pendant nos échanges, je lui dis que je ne suis pas faite pour travailler dans ce genre d'entreprise, je suis une solitaire du travail, j'aime mon autonomie et j'aime rire. Le salaire et les avantages sociaux ne me feront pas rester.

Elle m'a dit que je suis quelqu'un de bien, je suis ressortie avec le sourire.

Depuis notre dernier rendez-vous avec vous Laëtitia, beaucoup de changements se sont effectués : Mon mari a demandé une rupture conventionnelle à son travail, il est au chômage et va prendre le temps de trouver sa voie. Lui aussi veut se reconvertir.

Décidément, chez nous, nous ne sommes pas des moutons, on va trouver à nous deux et ensemble, notre chemin.

Nous avons vendu notre maison très rapidement et avons trouvé une location. Nous y resterons le temps que mon mari trouve la formation et le chemin qu'il doit prendre. Nous sommes prêts à partir du département.

Laëtitia me dit que tous ces changements ont forcément engendrés mes petites paniques, que mon corps réagit même si tout est fait pour être dans le positif.

Mon mari espère trouver sa voie, moi, je trace ma route.

La vente de la maison permet de chercher une maison qui correspondra à notre famille car il nous manque une chambre.

Nous sommes dans une bonne dynamique de vie.

Sauf un soir où j'ai eu l'impression que je n'allais jamais m'endormir, impossible de trouver le sommeil.

Je paniquais car j'avais peur que tout recommence, mon cerveau divaguait, pensait trop.

J'avais encore la sensation que j'oubliais le nom des gens, que je faisais des malaises.

La nuit, tout est multiplié, j'avais beau essayer de travailler les exercices, je n'arrivais pas à me maitriser. Avec de la persévérance, j'ai réussi à nommer mes collègues et à dormir, mais très peu.

Cette séance est soutenue par mes peurs et ma fatigue. Je ne m'épanche plus, les mots ne s'alignent plus...

Nous allons nous revoir dans un mois, le 27 mai, elle me donne la liste à travailler, un rendez-vous rapproché pour me rassurer :

- Liste des arguments contre la peur de rechuter comme il y a 1 an :

A RELIRE TOUT LE TEMPS

- o J'arrive à gérer et à faire ma journée.
- o Même quand je suis fatiguée, je peux contrôler mes comportements.
- o J'arrive à gérer mon ventre (la peur entraine des diarrhées).
- o Quand on prend conscience des choses, on ne risque pas de retomber dans la panique autant :
  - Je sais ce que c'est
  - J'ai des techniques
  - Au pire, j'ai un médicament pour le stress
  - On ne peut pas perdre complètement, contrôle du comportement
- En cas de vertige, attendre un peu avant de s'adosser à un meuble (attention aux compensations comme le sucre).
- Faire l'exercice :
  - o Provoquer de nouveau une petite sensation de déconnexion (un symptôme si possible).
  - o Détailler la sensation pour cohabiter avec, l'observer.
  - o Arrêter quand l'anxiété a diminué de moitié.
  - o S'entrainer à cet exercice.

.36.

Le 27 mai 2015, tout se décante, nous avons emménagé dans notre location.

Mon mari a trouvé une formation en tant que charpentier chez les compagnons du devoir. Il veut retourner à la source pour mieux s'investir dans son prochain challenge. Il débute après les congés d'été.

Pour ma part, je postule à d'autres offres d'emploi sans conviction, je finis mon contrat mi–juin et je ne me presse pas.

J'attends les grandes vacances pour les passer avec les enfants, je débuterai ma recherche active en septembre.

Je forme la personne qui va me remplacer. Elle est lente et à du mal à comprendre… elle puise mon énergie.

Je me suis décidée à être moi-même, cette entreprise vit en autarcie comme dans une secte avec leur gourou.

Moi, je suis quelqu'un qui sourit tout le temps, je vis, même avec mes traumatismes, j'aime les blagues et les fous rires. Eux, ils sont paramétrés, moi je ne veux plus.

J'ai vécu du lourd, je soigne du lourd mais j'ai mon âme et ma façon d'être.

Je suis plutôt quelqu'un de joyeux qui essaie de transmettre, par mon vécu, mon expérience professionnelle et de vie.

J'ai prévenu mes collègues que je n'ai pas accepté le prochain C.D.D.

Ils m'ont tous dit, reste comme tu es, garde le sourire, tu es quelqu'un de bien. Cela fait plaisir à entendre !

Satisfaits de la ville où nous sommes en location, nous cherchons à acheter. Cette ville nous permettra de nous construire….

****

FIN DE T.C.C., c'est noté sur mon dossier.

Il va falloir revoir mes exercices, mes armes, mon esprit est plus léger, mon cerveau un peu plus tranquille.

Le Démon est terré, plus de nouvelles et Satan est mort !

Le Toxique, je l'ai croisé avec mon mari et mes enfants.

Il était seul, j'ai éprouvé de la peur mais je me suis raisonnée :
« Tu as réussi ta vie, tu as trouvé un soutien ; ton mari et tu as 3 beaux enfants ».

C'est ma victoire, une de mes victoires.

Sa gueule d'ange m'a fait de la peine mais je ne dois plus vivre à travers le ressenti des gens.

Je dois être moi, aider mais ne pas m'investir de trop dans leurs peines car je suis une éponge à sentiment.

Laëtitia me dit au revoir.

Je la remercie chaleureusement pour son écoute, ses conseils, son expérience.

Elle me dira au cours de nos nombreuses séances, qu'elle a été aussi, victime d'un père pervers narcissique manipulateur. Elle connaissait mes symptômes pour les avoir vécus….

Elle me dit qu'elle sera toujours disponible si j'en avais encore besoin.

Il me faudra encore 3 séances pour lui dire adieu…

.37.

J-2 avant la dernière séance

Le 11 Janvier 2016. « Me revoilà Laëtitia, j'ai encore besoin de quelques clés ».

J'ai signé pour un C.D.I, pour l'achat d'une maison, le banquier a besoin de cette garantie. J'ai l'impression d'avoir une corde autour du cou.

Le poste n'est pas déplaisant, je suis comptable unique et secrétaire de direction, un poste où je ne vois pas le temps passer.

Mon mari est en formation, il part à la semaine en Internat, je dois gérer les enfants, la maison, mon travail. Je suis seule, il est présent le week-end.

Je ne dors pas très bien. Depuis qu'il est plus souvent absent, je crois que je souffre d'un syndrome d'abandon et il m'arrive d'avoir des angoisses.

La nuit quand mon mari est là, je dois relâcher la pression et elle n'est pas dans le bon sens…

Hier soir, je ne trouvais pas le sommeil.
«Jamais, je ne vais m'endormir », me suis-je dit.

Je tremble, j'ai froid, j'ai des palpitations et des vertiges. Mon mari a un défaut, il ronfle et l'entendre dormir de tout son saoul est très frustrant quand on cherche à s'endormir.

J'ai fini la nuit sur le canapé.

Je fais toujours attention au fait de ne pas être fatiguée. Je suis attentive à mon nombre d'heures de sommeil.

Laëtitia me dit que beaucoup de personnes sont dans le même cas que moi.

Cela me rassure, ces personnes sont capables de faire leur journée normalement malgré leur courte nuit.

Je dois arrêter de me focaliser sur ce je crois indispensable à mon bien-être et de me poser des questions sur mes comportements.

Chaque séance avec Laëtitia me libère de mes peurs, quel soulagement !

Nous mettons un prochain rendez-vous le 24 Février. Nous allons travailler sur le sommeil :

- Si je ne dors pas, faire une petite activité calme en position assise et se recoucher quand vous avez des signaux de fatigue (ne pas rester à ruminer).
- Repérer mes réussites malgré ou par rapport à la fatigue.

.38.

J-1 avant la dernière séance

Le 24 Février 2016, j'explique à Laëtitia que nous avons trouvé une maison à acheter. Tout se met en place.

La nuit, si le sommeil ne vient pas, je prends mon Smartphone, je fais 2-3 jeux, de ce fait, je coupe le ruminement de mes pensées et je me rendors.

Grâce à cela, j'ai moins de troubles du sommeil. Je mets en avant mes réussites par rapport à la fatigue, je m'insurge en me disant : « Tu dormiras mieux ce soir ! »

Pour avancer encore plus vite dans ma guérison, j'ai entendu parler de la sophrologie et des bienfaits que cela pouvait apporter.

Aussi, j'ai pratiqué quelques séances qui me permettent d'apprendre… à prendre du temps… à souffler et à respirer par mon ventre, bref… à me détendre...

La sophrologue m'a fait de l'hypnose en me rassurant car j'ai une peur bleue de voir mon Démon dans mon enfance….

C'est en parallèle de vos séances, mais c'est complémentaire.
J'arrive, de ce fait, à me faire un peu plus confiance.

Je parle aussi de mon travail qui me prend beaucoup d'énergie. C'est une structure familiale et ce n'est pas toujours facile d'y trouver sa place.

J'ai un poste intéressant mais je suis en balance entre les patrons et les salariés. Entendre les doléances des uns et des autres me met parfois mal à l'aise.

J'ai toujours le sentiment d'être emprisonnée dans mon C.D.I. Je ne me laisse pas faire, j'ai appris à ne plus subir.

J'avance bien, je me sens plus forte, j'ai des coups de mou mais je gère.

Nous allons mettre un dernier rendez-vous le 20 Avril, je dois avancer toute seule désormais, quelques derniers conseils :

- Si j'ai un coup de mou :
    o Finalement, j'arrive à gérer sur du long terme
    o Le cumul des tâches fait que tout le monde a du mal à gérer dans ces périodes.
    o Je vois qu'en m'encourageant, cela va mieux
    o Je refais du sport et même fatiguée, ça va.
    o C'est juste une impression, le coup de mou !
- Quand un sujet est difficile, le dire simplement :
    o Désolé, je ne peux pas.
    o Stop, on n'en parle plus.
        ▪ Ne pas continuer à subir.
- Continuer à dire les choses au travail, ne pas se laisser malmener
    o Penser aux avantages (les mercredis après-midi, l'autonomie, …)

.39.

Jour J, dernière séance

Le 20 Avril 2016, deux ans déjà pour cette nouvelle thérapie

Je fais un point de mes derniers ressentis. Je continue également la sophrologie.

Mon mari est parti 3 semaines, c'est dur mais je gère.

J'ai un sentiment étrange. Pour la première fois depuis longtemps, je me rends compte que je peux vivre seule, je peux me faire confiance et je peux gérer.

Mon mari était tellement présent près de moi que j'imaginais que je ne pouvais pas vivre sans lui.

Je pouvais devenir autonome sans aucun problème.

Dans mon travail, je trouve ma place, on me fait confiance, je montre mes compétences qu'on apprécie.

J'ai des clés pour grandir, pour avancer.

Quelques ultimes conseils :

- Ce qui me cause des perturbations, c'est de répondre à mes questions au lieu de les laisser passer.
- Quand il y a un conflit, incriminer la situation, les faits, plutôt que moi (ou quelqu'un d'autre).
- Quand il y a un conflit avec un enfant, qu'il y a des mots échangés très dur :
    - Ne reparler qu'après la crise.

- Un point important : prendre le risque de créer des liens amicaux plus fort avec mes amis, avec les personnes qui m'entourent. Faire confiance aux autres…

Voilà, c'est la fin de ma thérapie, une longue période de ma vie. Elle aura été enrichissante par les conseils et les méthodes.

L'esprit peut être tourmenté par de nombreuses épreuves, de nombreux tourments. Il peut vous amener à vous perdre. Il y a toujours une solution à tout, rien n'est insoluble.

N'ayez pas peur du mot thérapie, dans le langage des « oiseaux, c'est pour devenir une « terre » « happy ».

Poussez cette porte vous permet de libérer vos démons qui vous habitent.

.40.

Ma thérapie s'est déroulée en deux temps, une pour contrer mon Démon et l'autre pour libérer un trop-plein de sentiments et ressentis.

Il faut savoir avancer et pardonner… aujourd'hui, c'est le moment….

Le 26 Juillet 2017, après 7 ans de silence, nous apprenons mes sœurs et moi que le démon a un souci de santé assez grave, apparemment.

Un sentiment de culpabilité m'envahit, il aurait un problème de thyroïde. Je suis moi-même sous traitement depuis 15 ans.

Le lien génétique est là, cela vous ramène au fait que c'est votre géniteur !!

Il aurait aussi un problème cardiaque.

Je réfléchis à la façon dont je peux lui dire les choses, je prends mon courage à deux mains, je prends mon Smartphone et cherche mes mots.

Je me dis qu'il peut mourir….

Mon plus profond sentiment, c'est qu'il faut que je lui dise mon ressenti avant qu'il ne parte.

Il gagnerait en mourant. Je n'aurai pas exprimé mes profondes pensées, et elles resteraient imprimées au plus profond de moi.

Je désire y inscrire 3 mots : Pardonner, Imparfait, Panser.

Je me concentre, je construis ma phrase… j'efface… je réécris. J'appelle mon mari et ma maman pour leur en faire la lecture.

12h52 : Le SMS est court mais je soigne mes écrits :

- « Aujourd'hui, je te pardonne d'avoir été un père Imparfait. Fais soigner ton cœur et pense (panse) à soigner ton tout pour un jour peut-être rouvrir la porte de tes enfants. Bon courage à toi.

Valérie »

Je suis prêtre à recevoir une réponse ou non… la petite fille est soignée, elle a des fragilités mais elle attend.

12h53 : La réponse arrive très vite :

- « Merci, comment as-tu su ? **Imparfait** ? »

12h55 : - « On sait toujours tout d'une manière ou d'une autre, Bon courage ! »

13h11 : - « Merci de m'envoyer vos emails, je suppose que ça à du évoluer. Moi c'est : xx@pokpok.fr »

13h11 : - « C'est une démarche personnelle. Je ne parle pas pour mes sœurs. Nous avons chacune notre libre arbitre »

La conversation s'arrêta là !

Je ne m'étonnais guère de sa réponse, il n'a pas compris et il ne comprendra jamais de quel mal il souffre !!

Il y a les maladies qui se voient, mais celles qui touchent l'âme est invisible.

Je souris, je lui ai pardonné sa maladie mentale. J'ai gagné sur sa perversité. Il n'a pas changé et il ne comprendra toujours pas notre silence. Dommage pour lui !

Revenons sur ce mot **IMPARFAIT** qui l'a fait réagir !

Il n'a pas compris ce que je voulais en définir.

Etre imparfait, c'est avoir des lacunes et tout faire pour les aplanir et les améliorer.

Pour lui, ce terme de « père imparfait » a été pris au sens primaire du terme, il ne saura jamais se remettre en cause.

J'oubliais simplement…Pour lui, il est un être **PARFAIT** !!!

Qu'il est bon de pardonner !

Une nouvelle bataille va commencer, je vous le ferai savoir dans un prochain livre. Il découle d'un passé car nous ne ressortons jamais intact d'un combat.

Le corps subit…..

REMERCIEMENTS

Je voudrais remercier en premier lieu mon mari qui a supporté mes angoisses et mes phobies. Il m'a laissé la liberté de m'épancher sur mon livre qui, il le sait, me permet de partager mon expérience et peut être un sésame pour aider d'autres personnes dans le même cas.

Je tiens aussi à remercier mes enfants. Ils sont inspirants et inspirés. Ils ont une ouverture d'esprit et du respect les uns envers les autres. L'éducation est difficile à mener mais quand il y a de la considération entre parents et enfants, on avance vraiment mieux.

Je tiens aussi à remercier ma maman pour ses conseils de grande lectrice et ses encouragements tout au long de mon livre. Qu'il est bon de sentir de la fierté dans son regard.

Ma grand-mère paternelle était une femme qui adorait les mots et les écrits, ma mère une philosophe, moi j'espère être une femme de lettre.

Le courage et la détermination qui me caractérisent, je les ai puisés dans mon parcours, je remercie la vie.

Merci à Laëtitia, ma thérapeute. Rien ne peut avancer si le contact entre deux personnes ne fonctionne pas. Elle m'a laissé mon dossier, fil de mon histoire.

© 2018, P., Valérie
Edition : Books on Demand,
12/14 rond-Point des Champs-Elysées, 75008 Paris
Impression : BoD - Books on Demand, Norderstedt, Allemagne
ISBN : 9782322122981
Dépôt légal : mai 2018